五彩校园文化艺术活动丛书

校园会展类活动指导手册

王春如 ◎编著

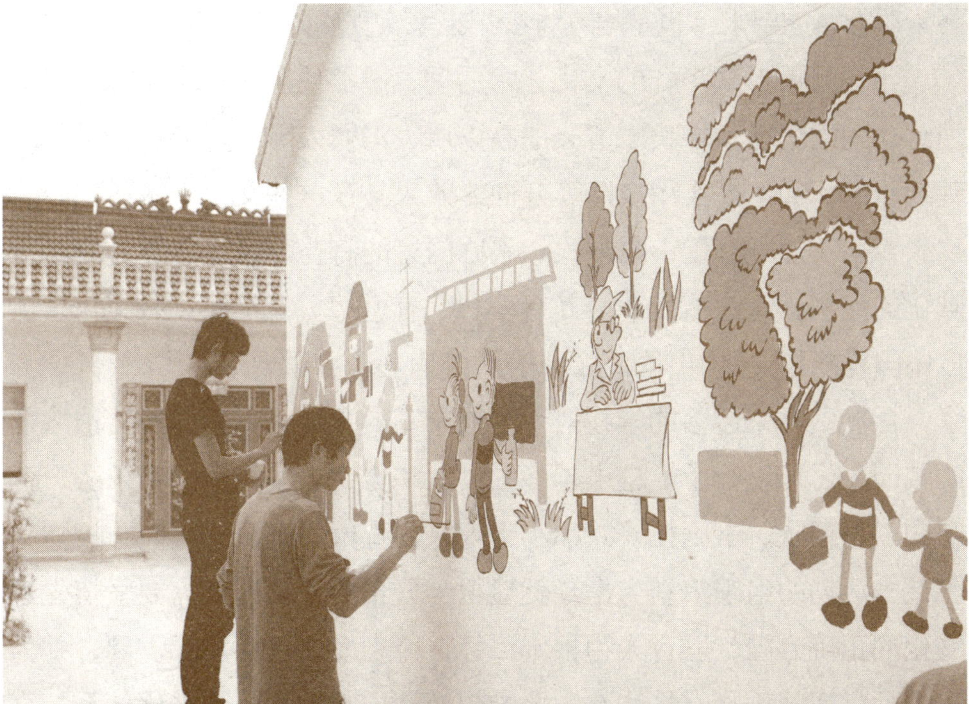

吉林出版集团股份有限公司
全国百佳图书出版单位

前言 PREFACE

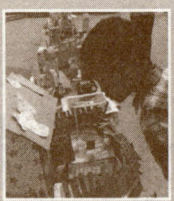

在党和政府的要求下，长期以来，学校文化艺术活动作为学校教育教学工作的一个重要组成部分，不仅是广大青少年建立兴趣爱好和成材的重要途径，而且是学校德育工作发挥巨大作用的主要因素。营造丰富多彩的校园文化，为广大青少年开拓广阔的成材之路，这是加强素质教育的要求，也是培养青少年未来实现中国梦想的要求。

学校开展形式多样的文化艺术活动，能够使广大青少年达到开阔视野、陶冶情操、增长才智、提高素质、沟通人际、适应社会以及改善知识结构和掌握实用技能等方面的效果。在这些文化艺术活动中，广大青少年通过接受不同形式、不同内容的有益教育，能够起到潜移默化的作用，这对造就和培养有理想、有道德、有纪律、有文化、适应中国复兴和实现中国梦的新一代人才有着十分重要的作用。

因此，越来越多的学校对于开展丰富的文化艺术活动和营造浓郁的校园文化环境给予了越来越多的投入和努力，学校里的音乐队、合唱团、舞蹈队、书画社、兴趣小组等，简直琳琅满目。因此，校园文化艺术活动的组织策划与指导就显得十分重要了。这就需要坚持先进文化的正确方向，以育人为根本目标，努力发展符合实际需要、并为广大师生喜闻乐见，且具有实效的校园物质文化和精神文化体系，真正营造五彩校园的文化氛围。

为此，根据党和政府有关政策和部门的要求以及国内外最新校园文化艺术的发展方向，特别编撰了《五彩校园文化艺术活动》丛书，不仅包括校园文化艺术活动的组织管理、策划方案等指导性内容，还包括阅读、科普、歌咏、器乐、绘画、书法、美化、舞蹈、文学、口才、曲艺、戏剧、表演、游艺、游戏、智力、收藏、棋艺、牌技、旅游、健身等具体活动项目，还包括节庆、会展、行为、环保、场馆等不同情景的活动开展形式等，具有很强的系统性、娱乐性、指导性和实用性。

本套丛书适当配图，图文并茂，设计精美，格调高雅，不仅是广大学校用于开展丰富文化艺术活动的最佳指导读物，也是大中小学学校领导、教师，在校大中小学生、研究生、博士生以及有关人员学习的最佳实用读物，还是各级图书馆珍藏的最佳版本。

目录 CONTENTS

NO1. 学校展会相关知识的概述

校园展会内涵与作用 002

校园展览活动的分类 006

展览的总体布局设计 011

展览色彩与灯光布置 014

展览的宣传讲解事项 017

校园展会的实施策略 020

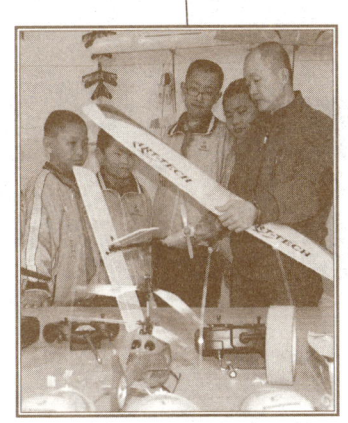

N02. 学校参展活动的方法指导

学校参展的展位选择 028

全方位打造参展效果 032

展会要做到与众不同 036

校外参展的注意事项 040

N03. 学校会展协会的管理指导

学生社团建设的重要性 046

学校社团活动的意义 053

校园会展协会管理章程 055

校园会展活动领导讲话稿 060

校园会展活动学生发言稿 062

会展活动的通讯稿样稿 064

校园会展活动的总结样稿 067

目录 CONTENTS

N04. 校园会展类活动策划案例

"自然魅力"校园摄影展..........084
校园书画大赛活动策划书..........088
学习雷锋之图片电影展............091
校园第一届优秀图书展销会......095
校园多彩文化展览会的方案......098
"和谐校园"校园图书展..........108
"环境保护宣传教育"展览........113
校园主题艺术展览会................117
校园文化展活动策划方案........121

NO5. 学校组织参观类活动的指导

组织参观展览的重要性 126
学校参观类活动的安全 132
参观后的心得体会范例 137
校园外出活动的预案范例........142

NO6. 参观及展销活动策划案例

科技馆参观方案案例 148
参观红色教育基地策划书..........151
参观地质天文馆活动策划书......155
参观省科技馆活动方案 159
"弘扬革命精神"活动方案......162
学校物品展销会活动策划书......164
校园综合展策划方案与策划书..168
"循环利用绿色环保"展销会..175

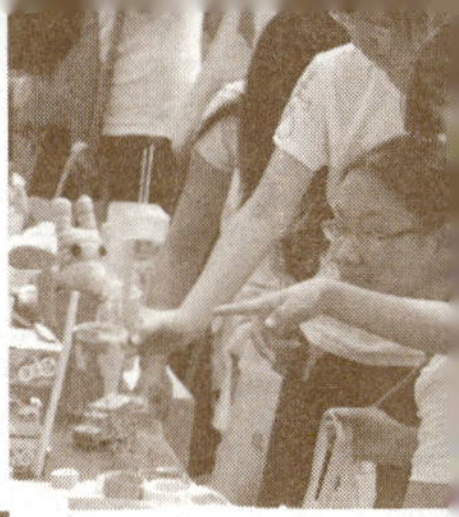

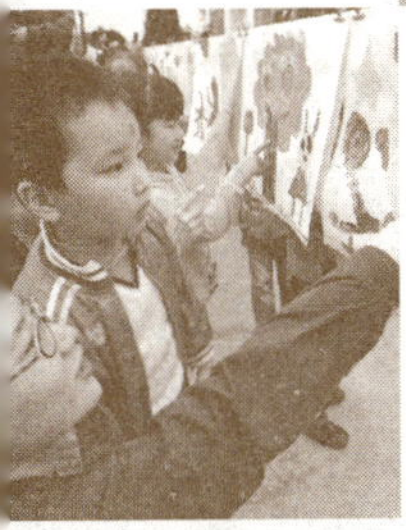

N01. 学校展会相关知识的概述

校园展会内涵与作用

校园主题展会是学校探索会展专业人才培养模式的一项创新性举措。它基于校园这个特定的举办环境，根植于师生自主策划和自主实施的方式，发挥着实践导向、功能补缺、知识转化的作用。

随着会展产业在我国的迅猛发展，行业对会展专业人才的需求急剧增加，为社会培养高素质的应用型会展专门人才成为会展专业办学学校必须思考的一个重要课题。在探索应用型会展专业人才培养的过程中，部分从事会展教育的学校为了弥补学生对行业实践机会的不

足，鼓励和支持会展专业师生举办自主策划、自主实施的教学实训展会，既丰富校园文化生活、提升校园文化品味，又推动理论与实践相结合，锻炼学生的实践动手能力，全面提高学生的综合素质，增强学生适应行业需求的能力。

校园主题展会的综合内涵

广义的校园主题展会的内涵非常丰富，主要指由校内、外单位或个人在校园内举办的主题鲜明的会议、展览、文娱体育赛事活动等的总称。既包括社会单位和个人经过学校批准在校内举行的针对师生的产品促销活动，也包括学术团体在校园内举办的专业性学术活动，还包括学校及其职能部门、学生社团等组织开展的校园文化活动。

狭义的校园主题展会主要是指会展专业及相关专业学生在校园内举办的主题鲜明的会议和专业性展览活动。校园主题展会是指会展专业及其相关专业师生在校园内自行策划、自行组织、自主实施、具有鲜明主题的，旨在辅助教学、培养和锻炼学生专业实践能力的会议和展览性活动的总称。它具有鲜明的目的性、计划性、参与性等特点。

从狭义的角度讲，校园主题展会的内涵主要有三点。

1、具有会展行业的特点

既然是展会，它区别于校园其它活动，应当有鲜明的主题，具有展览、会议或节事活动的基本特点。

2、呈现鲜明的校园特色

校园主题展会与社会主题展会也有实质性区别，它在校园内举办，主要在乎的不是经济效益，而是面向师生、服务师生。

3、着眼于人才的培养

举办校园主题展会的根本目的在于育人，教学的需求是第一位的，重要通过展会让学生理解、掌握展会的运营流程及实施技巧，把书本上的理论知识转化为实践操作能力。

校园展会对人才培养的作用

校园主题展会由会展专业师生自行组织实施,不仅可以锻炼会展专业学生的实践操作能力,而且对学校探索应用型人才培养模式具有指导和借鉴作用。

1、实践导向作用

(1)体现了实践教学改革的思路。应用型人才强调突出实践能力培养,反映在人才培养方案的课程设置中,不仅一些专业课程设置了实践教学环节、配备了实践教学学时,而且还独立设置了以任务为导向的综合性实训课程,校园主题展会就是会展专业人才培养方案中典型的综合性实训课程。

(2)指明了应用型人才培养的方向。应用型学校要培养适应社会需求的应用型人才,其知识、能力、素质结构具有鲜明的特点,即理论基础扎实、专业知识面广、实践能力强、综合素质高、并有较强的技术运用、推广和转换能力,因此必须十分重视实践教学的作用,突出实践能力和应用能力的培养,构建鲜明、完整的实践教学体系,走与传统学术型人才培养迥异的新道路。

2、功能补缺作用

校园主题展会主要从三个方面发挥其功能补缺的作用。

(1)弥补行业实践机会不足的缺陷。有的会展公司接收会展专业学生实习的积极性普遍不高,部分会展业处于发展中的城市展会数量偏少,频次偏稀,能够提供的实习岗位偏少,接纳学生实习的能力十分有限,会展专业学生行业实践机会相对缺乏,而校园主题展会则有效地弥补了这一缺陷。

(2)弥补校园实训设施不足的缺陷。会展专业是一个试办才几年的新专业,各学校的校内实训实作设备建设还不完善,能够培养学生动作能力的场所十分有限,校园主题展会一定程度上弥补了这一缺陷。

（3）弥补远离中心城市办学的缺陷。部分会展院校远离中心城市，组织学生参观或参与展会服务受到地域限制，举办校园主题展会可以让会展专业学生切身感受展会流程和运作技巧，弥补学生不能在行业中经常性实践的缺陷。

3、知识转化作用

校园主题展会的知识转化作用可以通过三个方面体现出来。

（1）把理论知识转化为实践能力。会展专业学生在初步掌握一些理论基础知识的基础上，通过自己策划、组织校园主题展会，可以感悟、体验书本上学到的理论知识，并在实际中加以运用，得到巩固、深化，并转化为实践操作能力。

（2）实践深化理性认识。学生在多次参与校园主题展会的过程中，尤其是解决具体问题的过程中自然会产生一些理性的思考，形成一些自己独立的思想和观点，并融入到自己的知识体系中去，可以完善自身的知识结构。

（3）实践操作催生理论学习的需要。学生在组织参与校园主题展会的过程中，还可以发现自身理论学习的不足，找到自己努力的方向，并有针对性采取相应措施，更加全面、系统地进行理论学习和能力培养，更快地促进自身综合素质的全面提高。

校园展览活动的分类

学校展览是一种供师生参观、欣赏、交流的陈列性形式，亦称展览会。展览一般是利用绘画、摄影、雕塑、工艺等手段，并通过实物、模型、标本、图片、图表等的陈列，配合文字及必要的口头讲解、音响、灯光效果等各种形式来起到一定的宣传、教育、传播、引导作用，以达到增强师生的政治觉悟、审美能力和情趣、交流信息、推广经验、指导工作、提高办学效果的目的。

人物专题展览

人物专题类展览指各种首脑人物、英雄模范、历史人物、专家、名人及某一事件的专题性展览,属政治宣传类。

此类展览主要目的是起到向观众介绍、宣传、教育的作用,内容需要有绝对的真实性。展览的原始资料、图片、文字说明,实物陈列也要有相当的可信性。

展览的总体格调要求庄重、大方,具有足够的严肃性,主要人物、事件要突出,色调处理要稳重、协调,文字解说要简练准确,要避免版面花哨、做作、结构混乱。

在设计布置中如能根据人物、事件的特定属性,创造出特定的环境气氛,将使展览更富有情感色彩,而独具特色。

宣传教育展览

这是一种行之有效的宣传、教育形式,它包括的范围极广,几乎涉及社会的各个领域,具体有历史、时事政策、知识博览、卫生、计划生育、科普、法律、刑事案件、环保、安全、质量、党务群团工作、教育以及国情、战争等,都可以利用展览来达到知识传播、普及教育、宣传交流的目的。

此类展览思想性、政策性、知识性都很强,观众覆盖面也很广,是政府机关、学校、企事业单位和社会团体进行现代思想教育、宣传的有效形式。

展览的设计布置可以灵活多样,根据不同的类别、性质采取不同的形式、格调,采用不同的色调、材料;如"法制教育展览",要把握法律的严肃性,应以庄严、持重为好;"儿童优育展览"就应充分体现儿童的情趣,气氛要活泼、热烈,色调要明快、单纯,并可适当安排小道具、漫画穿插其中,使观众在轻松、愉悦中得到求知、求教、求美的满足。

科学技术展览

科学技术展览包括各种科技成果、研究项目、学术交流等内容的展览会、发布会。除了宣传、交流、汇报,主要还具有间接或直接的经济目的,通过展览使师生了解科技方面的发展概貌,科技展览的设计,布置视规模大小、内容多少可因地制宜地进行发挥。

展览版面可适当活泼些,一般以图片、文字为主,如有实物展示或现场示范操作效果更佳,对项目的创新及说明内容要有绝对的准确性和可信度。

艺术作品展览

学校艺术作品展览指美术、书法、摄影、雕塑、工艺、民间美术、建筑设计等造型艺术展览,亦可称视觉艺术展览。

艺术作品包容的范围极广。美术分国画、油画、版画、水彩、水粉、漫画、宣传画、连环画等;书法分正、草、隶、篆、印石,另有毛笔、硬笔之别;摄影亦有黑白、彩色之分,按内容又有人像、风光、静物,还有体育、建筑、花卉等专题摄影;工艺美术、民间美术方面的门类品种更广更多。

艺术展览以艺术作品本体为主,是向人们提供欣赏、品味、交流的一种普遍形式,一般分为单项展和综合展,视规模可多达数百上千幅。

艺术作品展览的布置对环境要求不高,但必须有足够的展带版面,起码的灯光照明,有的作品需要必要的装校和配备适当的展橱、展柜、展架。

作品的陈列要保证一定的间距,以免造成视觉的偏移、混乱现象,一般作品陈列的间隔距离在一米左右;工艺品陈列、展柜摆设也同样要注意空间的处理,对展品的幅面大小、色彩变化。

结构造型等要有总体的视觉把握,讲究整体节奏、和谐,使艺术作品置融于艺术的环境中，让人们得到美的享受和陶冶。

学校收藏展览

学校收藏展览主要是展示各类收藏品的一种文化活动，展示的收藏品一般由收藏者个人或集体提供，也有国家直接管辖的大型文物收藏博物馆。

收藏展品具有一定的艺术价值和历史价值，它包括的内容也很广，如邮票、火花、货币、烟盒、糖果纸、商标、票证、钟表、陶瓷器、照片、徽章、动植物标本以及书籍、报刊、信件、贺卡、藏书票，等等。

通过对收藏品分门别类或综合等不同形式的陈列、展示，供人们欣赏、玩味、借鉴，对启迪人们的智慧、增进知识、提高审美情趣、激发创造热情，具有积极的意义。

一般收藏展品都较为精美、小巧，在布置陈列中要注意整体效果。单项展要避免单调，综合展又切忌杂乱，可将小展品组合装框，分组陈列，使之统一。

在色调处理上，亦可以重色稳住整体，使展品显于其中，如属重色展品，则用浅色作底，展品色彩陈旧，底色要明快；展品色彩鲜艳，衬底一定要灰。利用这一原则，小小藏品都能各显其辉，达到理想的展示效果。

学校园艺展览

学校园艺展览一般包括花卉、盆景、根雕、园林设计等有关园林艺术的作品。园林艺术在中国有着悠久的历史。展厅内的园林艺术是通过人们精心培育、裁剪、移植、雕凿等各具匠心的艺术加工所创造，所以又可称其为工艺美术品。

从审美观赏角度论，花卉主要有各种类型的花形、花色、叶面；盆景有山水盆景、树桩盆景，以造型为主，师法自然；根雕主要是利用树根的天然形态，进行写实或写意等不同手法的艺术加工，处理，赋予枯树断枝以新的艺术生命；园林设计属环境艺术，主要以设计稿、图片、模型、文字为主来独立展示。

园艺作品展览也分单项和综合展，展览场地不限，布置要讲究与环境的和谐统一，一般以典雅、轻松为佳，如适当地安排一些书画作品同时展示，可以相映成趣，相得益彰。

展览的总体布局设计

总体设计

学校展览布置的总体设计主要指展览的总体美术设计,其任务是对展览场地的勘察,平面图的制定,划分展区地段,拟定参观路线,控制图版与展品的协调,处理展区与环境的装饰和气氛以及整个展览的经费预算,筹备时间、进程和与各方面工作的协调,总体设计对于展览的成败优劣起着重要的作用。

总体设计一般由经验丰富的展览设计人员担任,有的大型展览可以组成总体设计班子,分工分项进行管理,总体设计人员应该参加整个展览的决策、设计、施工制作过程,掌握第一手资料、每一个环节,调动各方积极因素,在有限的时间和空间内,充分发挥、运用设计艺术和展示技术,使展览的主题内容和展示形式达到高度的统一、完美。

布置大纲

展览布置大纲是美术设计人员进行展览设计、施工筹备的根据和原则。展览大纲的编定,是根据筹办展览的目的要求,经决策者认定后视资料、图片、展品的情况由编审人员进行的。美术设计人员一般应参与这一工作,编审工作的好坏将直接影响设计工作及筹展的成败。

展览大纲一般包括展览的主题、目标和宗旨,筹展的进程计划,图版的具体内容和展带、展品的数量、项目,在布展中的重点部分和一般介绍，精简的文字说明，以及对展览的经费预算和具体的设计、施工要求等。小型展览、单项作品展览一般不要求展览大纲，但作为设计、布展人员亦需掌握展览的基本规律。

版面设计

学校展览布置的版面设计是展览设计的具体体现和主要形式。版面设计一般首先要设计出一定比例的图纸或色彩小样稿，并标明各种内容、尺寸、色彩以及材质，以此为放大施工的依据，必要时亦可作审稿用。

展览版面的形式种类是很多的，使用的材料、制作的方法也是极丰富的，版面的主要构成是由图片、照片、绘画等，图表、标题、标志、文字、图案等要素组成。

成功的版面设计，就是充分发挥各种要素的作用，使其相互均衡、协调、呼应、衬托，并注意适当的空白和视觉的导向，切记不要把版面排得太满，影响传播效果。

在展览版面设计过程中,要注意一些情况。要把握观众的视觉流向,创造强烈的形象刺激,引起观众的参与欲和行为欲。要掌握基本的心理诱导,正常的视线一般从上到下,从左至右,排版中突出的内容就以安排在左上方为佳,造成心理反差的版面形式往往使观众产生不舒适感而减弱展示效果。

布局走向

任何内容和形式的展览,首先都要具备一定的场地。理想的专门场地,能根据展览大纲的内容和要求进行分划区域,安排布局结构,顺利地进行设计、布展。

条件较差的展览场所,就需要根据实际情况因地制宜,巧妙安排,合理布局,精心设计、布展,一般可采取保证重点,服从整体的原则,在场地紧时,适当进行合并、紧缩及充分利用壁面、过道等空间,如场所太大,可集中、分片陈列,并可适当增加一些辅助展品,宣传资料等,总之不能因场地的限制划分过碎,破坏展览的整体结构。

同时,对参观走向的拟定,也是布局中一个很重要的方面,一般讲来主要是安排人流的组织和定向,使观众按照正常的"行为流程"来系统地参观展览,不能依靠路标、栏杆、隔板或讲解员的指点,这些只能作为辅助性引导,应该让展品、图版形成的展带本身来定向引导人流,使观众在展览的内容、气氛中,能自觉地循序遍览。

如遇展室分散、场地过大、人口雷同、楼梯转道等情况,就必须设置明确的标志加以分序引导,并尽可能地方便观众不至迷失方向或无所适从,合理地利用屏风、饰画、雕塑小品、花木及路标等标志是解决参观走向问题的有效办法,同时,这些行为流程的过渡处理还能起到调节观众情绪的作用,使展览增强节奏感。

展览色彩与灯光布置

展览的环境设置是展览设计的一个重要组成部分。展览的展标、门厅、序馆、宣传牌,都属于环境设置,一般可搞得热烈一些,色彩强烈一些,彩旗、气球、花木都有助于加强环境的气氛。

色彩处理

展览属视觉感应,色彩是展览会很重要的构成因素,任何图片、文字、展品都离不开色彩的表现,色彩直接影响展览陈列的效果和成败。视觉对色彩是很敏感的,同样的材料、形状,由于颜色不同,可以产生不同的情感效果,给人以不同的心理感受。很理想的材质,图形也可因色彩运用不当而给人相反的效果。

1、基调处理

展品本身五颜六色，在对展览陈列的背景、环境、道具、图案、文字、照片的装饰处理上，可利用色彩统一的基调来控制整体。基调的运用和处理，主要依据展品陈列的内容来决定，如儿童内容展览，可选用绿色或浅嫩一些的基调；食品展鉴可选用桔黄、橙色为基调，等等。

另外，各种色彩都有其特定的象征意义，民族特色，在处理中可结合展览内容、展品颜色有意识地加以强化或削减，充分发挥各种手段即兴灵活运用。

2、色彩变化

色彩是光合作用的结果、色彩的变化是非常奇妙而复杂的自然现象。掌握一定的色彩变化规律，能有效地为展示宣传服务。

光照是影响色彩变化的主要因素，展品受自然光照射，阳光强时物体色泽鲜明、响亮，阴雨天即变得灰暗、低沉。所以展览用光一般利用人造光源，能保持展览环境、色调的稳定，如配备彩色光源照明，则可使展品色调产生神奇的变化，达到透明、虚幻的视觉效果。

色彩的强弱变化规律，在展览中也可掌握应用，同样距离的红、黄、蓝色等不同展品，红色最突出，黄色次之，蓝色最弱，而同样颜色的三件展品，分别置于不同距离的位置，给观者的色彩感觉不相同，基本上是近者强，远者弱，这都是由于色彩的强度不同所致，在展览陈列中掌握这一规律，对色彩处理有很大的参考价值。

3、对比运用

红与绿、黄与紫在色谱上称为对比色，黑与白又称二极色，这种色彩、色相、色度上的对比在展览中运用得当会产生强烈的视觉效果，明亮的展品放在深灰的底上，展品更加明亮，如配上雪白的背景，就强烈不起来。

展览陈列中经常采用"冷托暖、暖衬冷"、"明托暗、暗衬时"的方法，目的都是为了最有效地展示展品，一般效果都比较好，也较容易掌握。

灯光处理

不同的展览类别和展示目的对灯光照明的要求也是不一样的。一般的图片展示只需要常规性照明，以能看清图片、文字为限。

现代展览注意现代照明技术的运用，追求展示的舞台效果，讲究气氛的制造、渲染，如艺术作品展，除要求有相当宁静的展厅环境，对展示的作品采用聚光射灯照明，使在整体背景的灰暗中突出展品，让观者置身于艺术境地。

灯光片、灯箱也是使用较广的一种展示形式。重点内容、主要产品往往在较突出的位置，以广告效果的灯箱形式显示，对增加展览的层次、节奏、变化、多彩有一定作用。现代光电显示技术已不断在改变人们的视觉感应，同时也增强了观众对适应展览灯光设施所造成的特殊气氛和魅力的接受力。

展览的宣传讲解事项

展览宣传

各种规模和类型的展览,都离不开一定的宣传媒介来吸引观众。宣传的形式很多,如海报、招贴、请柬、说明书、纪念品等。

1、设计原则

展览宣传应该说属于广告范畴,对展览宣传也应具有醒目大方、简单明了、新颖独特的基本要求。特别在对展览宣传品的设计制作

上，如海报、会徽、宣传画、参观券、纪念章等，要讲究与展览性质、内容的一致性，主题形象、文字一目了然。起到展览与观众之间的信息传递作用，建立纽带关系，以宣传形式的感染力最大限度地诱使师生前往参观展览，来达到展览的功能要求和产生轰动效应、社会影响。

展览宣传一般采用系列设计效果，全方位的系列宣传可以强化展览形象和印象，通过突出系列性印记，来实现对观众视觉传播的立体化、个性化，也才有可能真正赢得观众而达到展览宣传的目的。

2、美术字体

任何展览都离不开文字的媒介，作为展示陈列的展览文字都需要一定的美化装饰，这就决定了美术字在展览中的作用与地位。

美术字的字体、形式非常丰富，规范的字体有宋体、黑体、仿宋体、宋黑体等；还有灵活多变的、因类赋形的变体美术字、繁体美术字、书法美术字等。

展览中的各类条幅、标题、各种图例、图表、图片说明、文字介绍，宣传品的设计印刷等用的美术字，除了字体的变化外，其大小、色彩、材质、厚薄的不同制作、表现，使美术字在展览中更显得举足轻重，占有重要的位置。

美术字是展览整体视觉的一部分，既要书写美观统一，制作精美准确，又不能喧宾夺主，破坏整体效果。美术设计人员除了要有一定的书写美术字能力，更需要有把握整体视觉的能力。展览中的美术字要注重视觉的重心平衡，以直观感觉的审美经验为准，讲究均衡、呼应，穿插有致，动静相宜，协调统一的视觉效果。

展览讲解

展览除了以图片、文字、模型、实物等版面形象给观众以直观的可视传播外，必要的引导讲解也是展览的重要补充环节。特别在宣传

教育类和大型的综合性展览会上,讲解工作往往以独有的情感色彩起到画龙点睛的宣传作用。

讲解内容一般根据展览性质、内容及版面的设计流程来进行编写,明确哪些内容必须以形象来表现。哪些内容则可由讲解员来补充介绍,以及讲解员的执鞭位置,讲解的顺序、移步的节奏、声调的控制、与版面结构、展品组合如何相互呼应,等等。

讲解员一般有体态优雅、端庄大方、口齿清晰、发音准确,并具有表情等良好的素质。讲解工作不只是被动的、简单的解说,而是一种带有创造性的艺术角色,通过对观众直接的口头表达,起到传播、交流、感情共鸣的作用,从而增强了展览的展示功能。

讲解工作人员在筹展期间还可以参加一些辅助性制作、服务工作,对于调节情绪、培养协调工作能力等都是有益的。

校园展会的实施策略

校园主题展会实施策略

任何一个项目或活动都讲究实施它的策略,校园主题展会也不例外。校园主题展会实施策略主要从五个方面来考虑。

1、学生的主体策略

举办校园主题展会的目的在于培养学生。学生是校园主题展会的实施主体,自始至终必须体现学生的主体地位。

(1)学生是校园主题展会的策划主体。一个成功的校园主题展

会，离不开前期策划、现场管理、财务控制、实务操作、效果评估等环节，而策划是基础，涉及到展会运行的时间、人员、场馆、费用、宣传等事宜，事关展会成败的关键。

（2）学生是校园主题展会的实施主体。校园主题展会虽然有别于社会的主题展会，但一切运行程序必须严格按照社会主题展会的形式来运作，具体组织实施展会的师生临时性地模拟构成了一个会展公司，并被分配在各个岗位和环节、流程中扮演着一定的角色，成为展会实施的具体操作人员，分工合作，推动着展会按照策划的步骤进行具体实施。

（3）学生是校园主题展会的评估主体。学校、学院和老师都可以对主题展会进行绩效评估，但任何评估代替不了学生自身对主题展会的评估。认真开展主题展会实施效果的评估应当成为学生的一项重要工作，因为评估不仅是实施一个完整展会的重要环节，同时也是会展专业学生必须学习的一项重要内容。通过实施有效的评估，既可以帮助学生发现展会举办过程中存在的问题，还能够持续关注客户关系的处理、参展学校信息的反馈和展会结束后的的后续服务、关系维护。

2、教师的主导策略

校园主题展会的举办过程，既是学生自主合作学习的过程，也是师生互动学习的过程。调动学生参与的积极性，发挥学生的主体作用是教师必须重视的问题，教师在校园主题展会举办过程中始终处于主导地位。

（1）教师始终把握主题展会的目标任务。指导教师伴演着"组委会主任"或"总经理"的角色，时时提醒以学生为主体的主题展会。团队有目标、有计划、有步骤地实施主题展会的任务，告诉学生每一阶段的任务、完成的步骤和方法以及实施的具体要求，并根据学生的个性特点调动分配学生的具体任务，采取最有效的人力资源组合来推

动展会的实施。

（2）教师始终处于主题展会的指导地位。教师在校园主题展会中伴演着指导者、合作者、促进者和参与者的角色，必须保证学生主体作用的发挥。指导教师根据自身承担的角色被分配到主题展会不同的项目组中去，与学生平等地参与到主题展会工作中去，共同为完成主题展会某方面的任务而努力。

（3）教师始终控制主题展会的组织实施。校园主题展会是一种实践教学活动，承载着特定的教学目的和任务，指导教师肩负着实现教学要求的重任。从这种意义上说，教师既要保证主题展会各项目组的顺利运行，更要积极、主动地发现问题，始终把握、监控主题展会的推进和实施，又要调动和激发团队成员的积极性，启迪学生的思维和智慧，保证学生最大程度地参与，学生能力得到最大限度地发挥，理论与实践结合达到最佳的效果，最终实现校园主题展会的预期目标。

3、学校的调控策略

校园主题展会是学校教学改革过程中的一项实践教学改革探索活动，与社会的主题展会注重经济效益、和其它校园文化活动注重学生的群体参与有明显的区别，因此校园主题展会与政府主导型展会有类似之处，学校希望通过主题展会达到教学的目的。

（1）学校掌控着主题展会策划方案的审批。尽管主题展会是一个实践教学活动，但主题展会的参展学校来自于校外，部分观众来自于周边社区居民，从而使主题展会涉及到学校的社会形象和对外声誉，同时也涉及到潜在的法律纠纷，因此校园主题展会必须事先得到学校的批准，学校通过审批环节把握着校园主题展会的方向。

（2）学校监控着主题展会的过程实施。主题展会的组委会和项目组承担着具体的组织实施任务，为了保证实施过程的规范有序，学校的相关部门从各自的职责出发实施对主题展会的指导、控制和管理，

保证主题展会不偏离正常的方向，确保主题展会达到预定的目的，避免主题展会引起负面的社会效应。

4、操作的流程策略

流程管理理论是20世纪90年代美国著名管理学家和咨询专家哈默博士提出，并运用于企业管理的一种新的管理思想和管理方法，其本质就是构造面向客户的卓越的业务流程，以规范化的、构造端到端的卓越业务流程为中心，以持续地提高组织业务绩效为目的，并通过流程创造价值。校园主题展会也会运用流程管理理论，实施流程管理策略。

（1）校园主题展会应当采取流程化的操作步骤。从宏观层面看，主题展会无疑包括方案策划、招展招商、场馆布置、现场管理、财务控制、效果评估等环节，时间先后有序，过程环环相扣，运行步步相联，具有鲜明的流程化特征。同时，从微观层面看，无论是每一个环节的运行过程，或是任何一个项目组的工作过程，都涵盖着整个展会的部分时段、甚至贯穿展会的始终，必须紧紧围绕展会的总体进程来

细化自身的操作流程,以达到节省时间、节约经费、提高效率、运行规范的目的。流程化程度的高低,关系着规范化水平的程度,决定着主题展会的整体效果。

（2）校园主题展会质量控制必须采取过程性的方法。根据全面质量管理理论的要求,按照PDCA循环的运行策略,校园主题展会也要首先提出目标,即校园主题展会需要达到的目的;其次要制定行动计划,其中既包括要达到的目标,也要提出实现目标的具体措施;再次是要加强督查,考核是否实现了过程目标,取得了预期的效果;最后要持续改进,分析总结成功的经验,找到开展过程中存在的问题,并将经验和教训固化到新的标准制定之中,持续推进主题展会向更高的目标前进。

5、效果的评估策略

绩效评估是管理领域的重大创新,具有强烈的实践意义和理论价值。校园主题展会无论从教学价值或者管理需要来说,都必然缺少不了绩效评估这个重要环节。校园主题展会的评估要考虑三个方面的绩效评估。

（1）工作质量的绩效评估。主题展会涉及千头万绪的工作,即使是校园主题展会,虽然规模较小,但仍然应了"麻雀虽小,肝胆俱全"这个道理,无论是人、财、物的投入,还是策划、设计、招展、布展、现场管理、宣传等要素和环节,或者质量的高低、效率的快慢、过程的连贯、运行的规范、客商的满意程度等方面,都需要分析、总结、提炼、改进,力求一次比一次做得好、质量更高。

（2）专业的行业绩效评估。既然是一场展会,就要运用专业的评估指标、评估方式,从参展企业的数量、展会的展览面积、专业观众的人次、成本效益的额度等方面进行效果评定。当然,这种评估的最终目的更多是教会学生一种专业的评估办法,而不是真正旨在要给展会评出一个等级。

（3）综合效益的绩效评估。校园主题展会也存在一个效益问题，与社会性的主题展会相比，当然其更加注重的是社会效益。校园主题展会仍然存在投入和产出的问题，其最佳状态可能不是赢利，可能收支基本持平最为理想。更为重要的是社会效益，即实践教学的目的和要求是否通过展会达到目标，重点需要评估的可能是作为展会运行的流程是否规范，是否能够给学生起到模拟示范的作用，同时还要评估学生在其中是否得到充分的锻炼，是否掌握了展会运作的基本流程和关键环节中的必要技巧。

当然，以上评估主要由学生在老师的指导下完成，有些评估也可以委托学校的职能部门来完成。

NO2. 学校参展活动的方法指导

学校参展的展位选择

怎样才能确立标准、选好展位、设计好展位造型？确立标准、选好展位、设计好展位造型，这是参展单位必须要考虑的第一个环节中的三步棋。这三步棋怎么走，如何走好是参展成败的关键一步。

好展位标准

这个标准就是参展方所需要的展位规格的大小以及资金的投入问题。在展位的大小方面，一般是大学校大展位，小学校小展位，中学校中展位，有些是团体性的或区域性的另当别论。

什么是大展位、小展位和中展位呢？按照国际标准化的展位规格是3米×3米为一个标准展位。这种展位对一个小型学校或某一个单项性产品的展出是很适宜的，而对大型学校则可以考虑3米×3米×4、3米×3米×6、3米×3米×8、3米×3米×10或更大一些的都可以。这要根据参展的实际情况和展出的内容多少来确定。

如果学校大，展出的内容多，当然要选大展位，如果学校小，内容也不多，当然要选小展位。否则，不是显得大小不当，就是花钱不讨好，空摆花架子。因此，选择展位一定要大小适当、得体。对于大中型学校来说一般选择3米×3米×4或3米×3米×6或×8即可、小型学校选择3米×3米×1或×2即可。

选择好展位

主要选择好展位地点，展位的地点非常重多，如果地点位置选好了，就能起到事半功倍的效果。反之，只能起个陪衬而已。

一般说来，展位的地点最好选择这些地方。

1、开幕式主席台对面及两侧；

2、入口处的正门口，或正门口的两侧；

3、出口处的后门口或后门口两侧；

4、主要人行干道的两首或"十"字干道的中心四角处；

5、上述4个地方的邻近处；

6、知名大学校及有影响的团体或组委会附近。

以上最好的位置是1、2、3、4几个地方，其次才能考虑5和6。

设计好造型

展位造型的设计也叫展厅造型设计，是一项非常重要的课题，直接影响到展览是成功还是失败。因此设计好展位造型也就等于实现了展览成功的一半。

那么，展位造型的设计该如何考虑？这里主要注意三个方面：一是整个展位的造型；二是展位的组合内容；三是展位的陈列摆放。

1、展位的造型

展位的造型是个多姿多彩的世界，是一个艺术创作的王国，它的可塑性、创新性的空间非常大。因此说，很难确立一个固定的模式。既然它具有艺术性，就有一种艺术走势的感觉，一般常见的有：

（1）开放式，或者叫敞开式

分为簸箕型敞开式、中央型敞开式、几何型敞开式、塔梯型敞开式、圆柱体敞开式、帽沿型敞开式、亭阁式敞开式等。这种造型灵活、机动、构思自如，具有现代性和国际性。

（2）传统式，或叫保守式模式

分为厢房式、阁楼式、地摊式等。这种造型一般较为简单，传统随便，尤其是厢房式的多是常规性的，按一定固定模式统一装修好如同车厢一样，一个连着一个，形成3米×3米的固定展位模式，一排连着一排，无需参展厂家再作装修，需要参展时，只须将物品?摆放好就行了；门楼式系传统的廊房，牌房或普通的厢房一样的模式；还有一种是属于地摊式的，或随便摆放一个桌子作为摊位的较为简陋的一种模式，这种模式是较低层次的模式。前一种开放式的适宜大型展览，后一种倒适宜中小型展览或简单性的展览。

2、展位组合内容

展位的组合内容，除了已确定了的展位框架外，仍需要配套性的东西。如展示架、展示台、桌椅、宣传器材和宣传资料，点缀的灯饰、盆景花束等。

3、展位的陈列摆放

主要分为展示的宣传内容与展示的物品内容。

（1）展示的宣传内容

在陈列摆放中，展示的宣传内容要力求做到：要突出学校的名

称或团体的名称；要突出商标或者徽标；要突出产品名称和要展出的主要内容名称；如果是学校，还要注意突出学校的领导人和学校的简介、主业的代表形象，如吉祥物、建筑物、标志等。除此之外，有些必要的能代表一个单位产品、生产车间或一些公关活动，领导人视察的图片、证明书、画册等，都要尽量地给展示出来，或发放到参观人的手中。

（2）展示的物品内容

这主要是指一个学校或团体需要向外介绍或展示的新产品、新项目、新发明、新技术、新设备等。这些东西在陈列当中，一定要按主次分明进行摆放与陈列。尽量做到主题突出，让人一看就能留住脚步。为了达到这种效果，必要时，可以用灯饰、盆景、花卉、工艺品等加以装饰，使之产生"美、靓、明、爽"的艺术效果。

以上这些在设计展位的图纸中，争取模拟完整。为了达到最佳效果，亦可在未布置展览前，同等比例缩小，做成模型。

全方位打造参展效果

鹤立鸡群，贵在突出

如何鹤立鸡群，主要是在展览布置中体现它的独特性和与众不同，以及它所产生的效果。布展也是一种艺术，千姿百态、丰富多彩、各显奇招。因此，在展览的设计与制作中，如果想叫人注目，达到让人留下深刻印象的目的，就必须注重从设计到制作的新颖性、独特性和它的与众不同。

这就要求敢于打破常规、敢于创新。要让自己的名字远远就能看

到，而且一目了然，这样不仅突出了该展览鹤立鸡群的地位，更主要的是表现出了它的大品牌，达到了壮观、醒目和招引顾客的目的。

为了表现鹤立鸡群的展示效果，除了上述案例中采取的因地制宜改进措施外，还应该坚持几个原则：坚持与众不同，走自己的新路；造型一定要独特，力求"高人"一等；抢占有利地势，表现自身核心；既当领头羊，又成羊后鹿或叫鸡头凤尾；利用现代高科技，使用现代新材料，造出一个全新形象；当灯塔，照射四方。

以上这些都是确立主体地位的好方法，也是成为鸡中鹤的最佳途径。

立体造势，全方位宣传

一次展览，就是一次介绍学校、宣传学校、展示学校或团体形象的绝佳机会。同时也是让广大参会者了解一个产品的好机会，所以宣传和公关就显得十分重要。

1、联系新闻媒体

与展览所在地新闻媒体取得联系，做好宣传方面的前期准备，配合当地的电视报纸做好宣传报道。在条件允许的情况下，组织好新闻发布会，并拟定出详细的宣传计划。在展期和展期前后的时间里，有序进行广告宣传，最好以软广告形式出现。

2、邀请相关部门

给所有参展的有业务往来关系的客商和当地的主要代理商以及新闻媒体、工商税务、行政机关等相关部门提前发送请帖，在展览开幕前或展览结束后，举办一至两次联谊会。

另外，对参展的主要客户所住宾馆、酒店，也要布展好相应的宣传内容，如大厅中的招牌、欢迎性的条幅、房间配送的宣传资料、水果等，都要尽可能地考虑周密。

3、充分的宣传资料

这里包括学校介绍、区域或团体介绍、有关参展方面的宣传资

料、宣传画等，赠送主要客户和展览中的参观者。

4、协调好关系

与联办、主办的当地相关部门领导建立良好的协调关系。特别是负责整个展览会的组委会领导，要积极主动地征求他们的意见，并向他们汇报工作，取得他们的支持与帮助。这样会能从中解决很多实际问题。

5、做好气氛烘托

在中型和大型的展览会上，为了烘托气氛、扩大影响、招徕人们的目光，适时的盘鼓队、歌舞表演等也是必要的，但必须要在服装与授带上以及外在方面展现出学校或团体的形象标志，让人一看便知是某某学校或单位举办的，但其间不可固定在某一地方，除在展位前后活动外，亦可来回巡回宣传。

6、场外展示

为了配合内在的展示，达到内呼外应的效果，在展场前的广场处和人员必经的大道上，布置一定的户外展示也是可以的。这些户外展示一是形式的选择，如拱门、大汽球、大布幅、灯箱、路牌、小旗等，以及造型非常奇特的创意造型作品；二是展示地点选择，如街市中的繁华闹区、大商场超市、车站、广场、桥头、展场四周的高层建筑物和主要大道。

这些活动为确保它的成效，在展期公关宣传方面，要注意把握好三点：即联络好各方面关系，布置好亮点广告，接待好客户朋友。

所谓各方面的关系，主要是指与参展学校或单位相关的方方面面的关系户、关系人。关键时候，还需要一定的感情投资，如发给纪念品等。一句话，要尽可能地让这些关系户达到满意。

而所谓亮点广告，是指不管是展厅布置，还是户外广告，还是某些方面的软广告，要力求制造出一至两个亮点来，或者是一个接一个的亮

点,这个亮点,要么是布展或户外展示达得与众不同、出奇制胜,要么是软广告中制造出来的新闻热点。这个热点,一定要热到"点子"上,怎么个热法和怎样去热起来,需要周密策划和好的创意。

接待好客户朋友,这应是情理之中的事,并且也是一项非常重要的事。

注意问题,做好准备

为了确保参展实现的最佳效果,在展出活动之前、之后和中间,要做好很多事情。

之前的筹备工作要准备充分,比如参展的资金投入,怎样以最少的钱办最好的事,办成哪几件最好的事,参展规模什么样的标准最合适;展厅设计,哪种形式最新颖,还能不能创意出更好的形式;参展人数多少,都准备哪些物品和资料;吃住安排如何、招待活动如何等,都要一一做好方案,在展出的过程中对照实施。

展览期间,活动开展的情况怎样、信息收集怎样、实现的效果怎样,有哪些做到了、哪些还没做到,达没达到预期的效果等,这些都要进行总结。

除了当天的总结外,整个活动结束也要进行总结。必要时,还要进行论证评价。给予科学的评价,才更有利于下次参展的扬长避短。这些评价,一定要量化、科学、准确。

总之,参展也是一门科学性的文化活动,其间有很多技巧。如果能够做好可以起到事半功倍的作用,达到少花钱、多办事的目的;反之,劳民伤财,得不偿失。因此,对参展进行科学研究,并制造出规范化的实施标准,既能节省经费又能有的放矢,这些都是非常必要的,也是应该的。

展会要做到与众不同

脱颖而出的方法

一般的展览中,通常会有上百个参展学校,几百个展位。如何才能在参展学校中脱颖而出,使参观者对自己印象深刻?

1、展位搭建有特色

多数展位为白色展板。一般的选择是宣传画。建议宣传画最好画面简单、文字干练、色彩艳丽统一、突出学校标志。这样,既可以吸

引参观者、更能使其对学校留下精干的深刻印象。

2、同期举办推介会

展览会的最大特点就是在短期内汇集全国各地的专业观众。如果能够抓住这一时机，以报告会和推介会的形式，及时全面而详细地介绍学校的最新科研成果或产品，不仅在最充裕的时间内向最广泛的客户作了宣传，而且也从另一方面提升了学校形象。

3、宣传资料广告

每一次展览前，主办机构都会向全国各地的专业观众发送参观邀请函，介绍展览的内容和同期将举办的活动。一般情况下，参观邀请函的数量都会达几万份，甚至十几万份，与一些专业杂志的发行量不相上下。往往由于篇幅有限，主办方只会接受一家参展学校的广告要求，这样，相对于一些专业杂志上铺天盖地的各家广告而言，独家广告的宣传效果不言而喻。

展位的具体设计

1、完整性标准

整合而统一，是展示艺术的首要标准。形态统一、色彩统一、工艺统一、格调统一。总之，好的设计在艺术形式的秩序方面，都是十分明确的。

2、创造性标准

任何艺术活动的终目的都在于创造。创造是新世纪的主要特征。展示设计的创造性主要表现在创意的新颖和艺术形象的独创性。

这个独特的形象给人以冲击、给人以震撼、给人以刺激，令人过目不忘，发挥最有效的市场作为，实现最有效的形象传播。这种创造涉及到形式的定位、空间的想象、材料的选择、构造的奇特、色彩的处理、方式的新颖。

3、时代性标准

也可称为观念性标准。时代的观念浸润着展示艺术设计的每一个细胞。在当代，展示设计应体现在新的综全观念、人本观念、时空观念、生态观念、系统观念、信息观念、高科技观念等。具体地讲，应注意五个方面。

（1）空间环境的开放性，通透流动性、可塑性和有机性。给人以自由、给人以亲切，让人可感、可知、可以自由进出入，参观和交流。

（2）实现展品信息的精典性原则。严格落实少而精的要求。

（3）实现固有色的"交互混响"的统合色彩效果，重视对无色彩系列的运用。

（4）尽量采用新产品、新材料、新构造、新技术和新工艺。积极运用现代光电传输技术、现代屏幕映像技术、现代人工智能技术等高技现实的成果。

（5）重视对软体材料的自由曲线、自由曲面的运用，追求展示环境的有机化效果。

4、行业性标准

也可称之为功能性标准。主要是讲形式和内容的统一性问题。"冶金"业的展台设计与"日化"业的展台设计不可能是一样的。

5、文化性标准

设计要有突显的风格和品味，其中地域和民族性的文化传统应当有自然而然的表现。体现出历史继承下发展的有根的特征。

6、环境性标准

这里面包含着两层意思。一是任何一个美的客观存在都是在特定环境中实现的，好的设计必然是在充分研究"街坊四邻"、四周环境后的产物，必须与环境在形式上达到"相得益彰"。二是任何一个好的设计都不会造成环境污染，都得符合"可持续发展"基本国策的要求。

总之,好的展示设计应当是坚持了内容与形式的统一、整体与局部的统一、科学与艺术的统一、继承与创新的统一的设计。若要非用一个别角度去评价展示设计好坏优劣的话,这个角度就是审美的角度。

展台的沟通能力

展台的沟通能力在展览会中,展台可以说是学校的名片,展台的大小、设计、外观必须尽善尽美,符合竞争标准,才能使学校在展览会中首先立于不败之地。未来的展览会上,评价一个展台是否成功的标准不是看它的展台是不是很华丽、很奢侈,而是看它的沟通能力,它所表达的概念以及展台所确定的功能性和展品本身的内涵。

那么,展台设计究竟应该达到怎样的效果呢?简单来说,就是要让观众看起来悦目、听起来悦耳,能够充分调动观众的情绪。优秀的展台设计能够帮助和加强参展学校和其产品在市场中所占领的位置,这就要求设计师必须完成两个任务:首先,设计的展台模式和展示内容必须尽快被观众识别出来;其次,必须赋予展台和参展学校一种精神形象。若要达到这两个目的,其展台必须具有一定的创造性,而这种创造性不仅体现在设计思路上,而且需要通过展示用具体现出来。

在实践当中,展台搭建商和参展学校都十分欣赏使用系统组件来搭建展台。这种系统组件可塑性比较强,不需要大量的人力,而且可以将很独特的设计轻易地转为现实,从而赢得大量时间,还可以降低成本。它的优势是:因为前期制作不需要很多的人力,所以价格合理;便于运输和存放,安装又可以很精细,节约了大量人力、物力成本。

总之,在保证效果的同时,算好经济账,尽可能使用新型的、可重复利用的展台材料。

校外参展的注意事项

必备物品

参加展会要准备一些物品,最起码的硬件要带到会展上。如展示的样品、报价单、产品规格、名片、记录册、订书机、订书钉、花、刀片、剪刀、排插、胶带、纸巾、口香糖、水、食物、计算器、转换插头等。

名片上要印上展位号。有些客户是真正的专业客户,他在看完我们的展位后,会去几家别的同行的展位看看,看完几家后,觉得还是

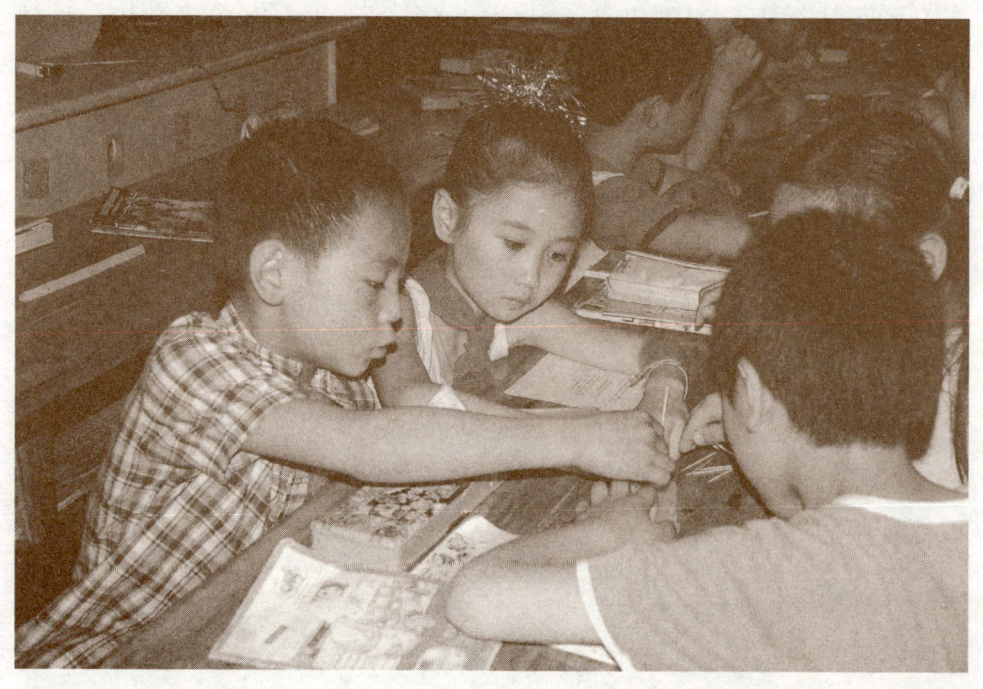

我们的种类多，价格比较有竞争力，或者对我们的某个产品特别感兴趣，想再返回我们的展位进行详细的洽谈。一个展会上那么多展馆，那么多的厂家……此时名片上的展位号就起了很大的作用。

会场谈判桌上的计算器是必不可少。最好准备两个。

订书机至少需要一个。在把学校的宣传册给客户时最好将自己的名片钉在宣传册上，免得名片和宣传册对不上号。而且若以后真的有合作的机会，便于及时的联系上。

另外准备一个笔记本。收完别人给的名片，不能随便往那里一放，这样以后发邮件联系时就没有针对性，回复率不高。应该另外单独准备一个笔记本，一页钉一张名片，最重要的是通过交谈后在空白处写上他们对我们现有的哪些产品感兴趣，又另外需要哪些型号或规格的产品。回来后，针对他感兴趣的产品，发报价单。他需要但是我们又没有的产品，请他发图片或提要求，并说明我们可以为他定做。这样，我们发邮件的内容投其所好，相信回复率会高一些。

沟通技巧

在洽谈时，适时地主动推荐本学校的最新产品，这个时候要讲解生动，突出这个产品到底"新"在哪儿，会不会在他们当地市场有一个好的销售市场。用这个与其它学校与众不同的新产品给老外留下深刻的印象。

客户留下名片时，要大概的看一下。不能连看都不看就放下来，然后把人送走了。看名片一来表示对别人的尊重，看名片时要照着名片上的名字读出来，自己也不会读的可以当面问他。二来有些人为了防止收到一些垃圾邮件，故意没有在名片上留下邮箱，这个时候我们可以及时的问他。

准备一些小礼品。经过洽谈要离开的客户，可以送给他一份。当然这个礼品上可以印上自己的logo，以达到宣传的效果。这里有两点要

注意的：这个礼品不能见人就给，只有潜在客户才会送，这样会让老外感觉到这个礼品是为他特别准备的，而不是见人就发的廉价东西；准备的礼品最好有自己特色且实用性强的。

不能太轻易的相信来的人。特别是对于在会场上索要样品的客户，一定要先委婉的问下他是否从事这一产品的销售，主要客户群是谁，从事这一行业多少年了。确认没问题后再他样品。

举止建议

不要坐着。展览会期间坐在展位上，给人留下的印象是：不想被别人打扰。

不要看书。通常人只有二到三秒钟的时间引起对方的注意，吸引他停下来。如果你在看报纸或杂志，是不会引起人注意的；参展学校在有限的展位空间，不应看闲书与报刊。应充分把握机会引起对方对企业与产品的注意，吸引买家与专业观众停下来，对企业与产品进行咨询，精神饱满地回答有关问题，提升他们的信心。如你在看报纸或杂志，机会也就因此从身边流失。

不要在展会上吃喝；展会上应杜绝随意吃喝现象。因为，这种粗俗、邋遢和事不关己的表现会使所有潜在客户对参展企业产生极差的印象，继而影响他们对参展学校的企业文化、管理水平、员工素质、产品质量的评估，导致对企业与产品的不信任。而且吃东西时潜在顾客不会打扰你。

不要打电话。每多用一分钟打电话，就会同潜在顾客少谈一分钟；参展期间，要注意打手机的方式与时间。不恰当的电话，每一分钟都会相应减少与潜在客户交流的时间。从而直接影响企业在展会上的业务目标。在展会上，即便只能找到一个好的潜在客户，也是一种成功。而不恰当打手机，往往可能会使你与客户失之交臂。

不要见人就发资料。这种粗鲁的做法或许会令人讨厌，而且费用不菲，更何况参会者也不想成本很高的宣传资料白白流失在人海中。那该怎样把价值不菲的信息送到潜在顾客手上呢？寄给他。

不要与其它展位的人交谈。如果你不想让参观者在你的展位前停下来，他们自然会走开。看到你在和别人说话，他们不会前来打扰你。尽量少和参展同伴或临近展位的员工交谈。你应该找潜在顾客谈，而不是与你的朋友聊天。

不要以貌取人。展览会上惟一要注重仪表的是参展单位的工作人员，顾客都会按自己的意愿尽量穿着随便些，如牛仔裤、运动衫、便裤，什么样的都有。所有，不要因为顾客穿着随意就低眼看人。

不要聚群。如果你与两个或更多参展伙伴或其它非潜在顾客一起谈论，那就是聚群。在参观者眼中，走近一群陌生人总令人心里发虚。在你的展位上创造一个温馨、开放、吸引人的氛围。

要满腔热情。常言说得好，表现得热情，就会变得热情，反之亦然。如果你一副不耐烦的样子，你就会变得不耐烦，而且讨人嫌。热情洋溢无坚不摧，十分有感染力。要热情地宣传自己的企业和产品。在参观者看来，你就代表着你的企业。你的言行举止和神情都会对参观者认识你的企业产生极大的影响。

要指定专人接待媒体。媒体也许会到你的展位找新闻，一定要安排专人作为你的企业与媒体的联系人，这样就可确保对自己企业的宣传始终保持一致口径。如果每个参展的工作人员都可以与新闻界交谈，那么你是在自找麻烦，因为无论你对员工的训练如何有素，都不可能统一口径。

NO3.学校会展协会的管理指导

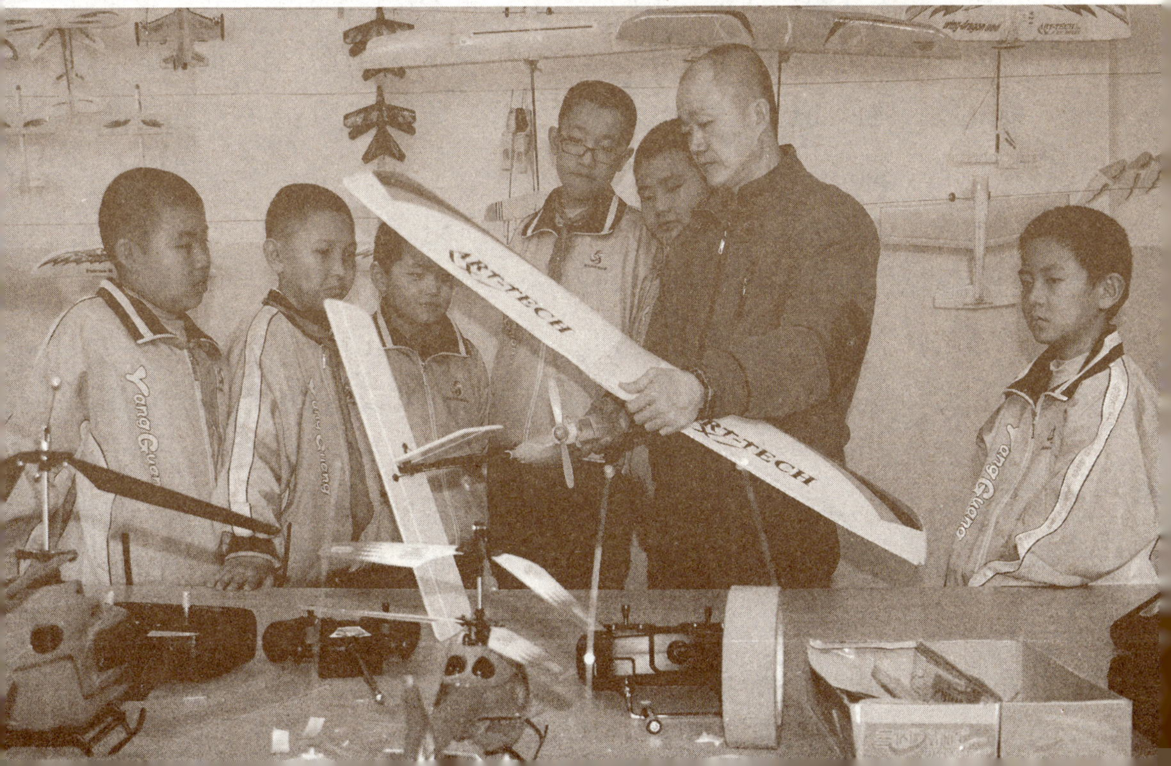

学生社团建设的重要性

学生社团日益成为校园文化建设的主阵地，社团文化对校园文化建设具有不可替代的作用。学生社团在活跃校园文化，促进校园精神文明建设方面有着重要位置。

学生社团是校园文化建设的重要载体，是学生与时俱进的活细胞。学生社团通过开展各种形式的活动，丰富了学生的业余生活，开阔了视野，提高了学生的实践能力和综合素质，逐步形成了凝聚学生、服务学生、发展学生的独特功能。教育部相关文件中指出，学生社团是由学生依据兴趣爱好自愿组成，按照章程自主开展活动的学生组织。学生社团活动是实施素质教育的重要途径和有效方式，在加强校园文化建设、提高学生综合素质、引导学生适应社会、促进学生全面发展。建设先进的校园文化，是实施素质教育、培养现代化建设人才的重要途径。

先进的校园文化，不仅可以极好地促进青年学生的身心健康，全面提高他们的自身综合素质，而且也是培养良好学风、校风的重要途径，是凝聚人心、鼓舞士气的重要手段，是优化育人环境、提升学校品位的必然要求。而学生社团则是校园文化建设的重要载体，它活跃于各大校园中。学生社团是校园文化建设的一个舞台和一个窗口，直观地反映着一所学生的综合素质和精神面貌参加社团可以领略学校精神，塑造人文品质，品味成长乐趣，感受集。体内涵。目前，学生社团的活动已经成为校园文化的重要组成部分。

学生社团在校园文化建设中的地位

一般认为，校园文化的形成主要来自两个方面，一是教育者根据培养目标和社会的特定要求，结合社会主流文化的特质而精心设计的文化，即为了达到教育的目的，学校和教师围绕教育目标对各种复杂的社会文化因素进行的扬弃，建立适宜的校园文化环境，这是校园文化的一个重要来源；二是学生群体在上述环境熏陶下与自己原有的思维、进行碰撞产生的火花，即各种习惯、传统、时尚、规范、价值观念甚至与会等，这种文化往往在青年学生和青少年身上体现得尤为突出，一般认为是区别于社会主流文化的一种亚文化。学生社团正是这种文化的集合体。

学生社团作为校园文化的重要组成部分，主要体现在几个方面。

1、学生社团是校园文化载体和主力军

学生社团具有目的明确、凝聚力强、学生覆盖面广的特点。学生

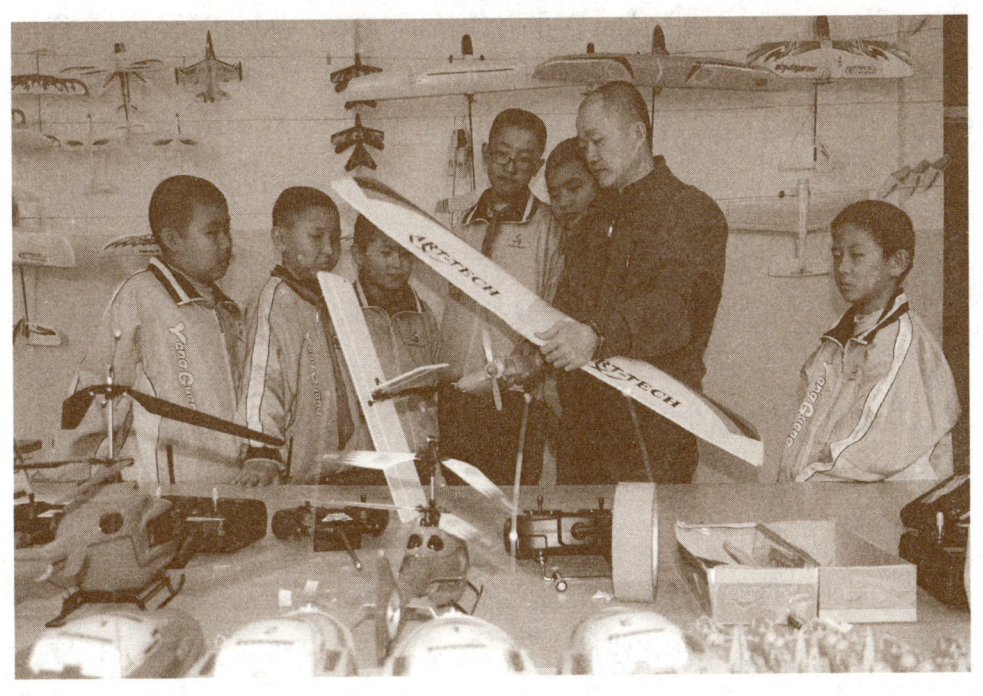

社团开展内容丰富、形式新颖、吸引力强的理论学习、学术科技、文化娱乐、社会实践、志愿服务、体育竞技等校园文化活动,把德育、智育、体育、美育等渗透到校园文化活动之中,在丰富学生的业余生活、培养兴趣爱好的同时,对建设良好的学风、校风,营造浓郁的校园文化氛围,对学生的思想品德、行为规范和生活方式的选择,对提高学生的综合素质起着十分重要的作用。以学生为主体、以课外活动为主要手段的群众文化石校园文化的内容之一,对学生有巨大的感染力、渗透力和熏陶力。因此,学生社团可以称之为校园文化的有效载体和校园文化建设的主力军。

2、有利于促进创新型文化氛围的形成

学生是最富有激情和创造性的,是构建和谐校园的主力军。以共同的兴趣爱好、技能、特长等为基础成立的学生社团可以自觉地开展一些积极向上的文化活动,可以满足学生渴求新知、新技能以及乐于交际的心理需求,促进他们身心的全面发展。一个社团的成员大多数来自不同的专业,社团成员在平时的活动和交往中互相学习、互相帮助,感受不同专业同学的思维方式和知识背景,这种交叉式的相互影响将使每一个社团成员从中受益,促进学生知识结构的不断完善。

同时,学生社团对学生思想道德水平的提高起着潜移默化的作用,通过参加如以纪念日、节日为契机开展的社团活动,使社团成员逐渐将道德、伦理、传统等精神规范内化为自己的自觉行为,遵循社会道德规范,增强学生对社团、对集体乃至对学校的认同感和归属感,从而实现学生的自我服务、自我管理、自我教育,促进和谐校园的形成与发展。

3、学生社团为校园文化提供活动新载体

校园文化是构建和谐校园的动力源泉,集中体现了学校的校风、教风和学风。加强校园文化建设,营造稳定和谐、高雅向上的育人环境,对促进学生健康发展有着至关重要的作用。学生社团是校园文化的产物，又拓展了校园文化建设的新舞台，成为校园文化建设的主力军。

（1）学生社团繁荣了校园文化。学生社团活动是校园内最有活力、最能反映学生需求的校园文化活动。根据共同的志向、兴趣、特长和愿景自愿结合的各类学生社团组织，通过精心设计和组织开展内容丰富、形式新颖、吸引力强的思想政治、学术科技、文娱体育等校园文化活动，把德育、智育、体育、美育渗透到校园文化活动之中，使学生在活动参与中思想感情得到熏陶、精神生活得到充实、道德境界得到升华。"百团大战、百家争鸣"的精品社团文化活动成为校园内一道道亮丽的风景，极大地繁荣了的校园文化。

（2）学生社团有利于良好学风的形成。学生科技协会、数学建模协会、英语协会、电脑协会等学习科技类社团，在专业教师的指导下，通过开展科技竞赛、学术讲座、论坛沙龙和社会实践等与专业学习紧密结合的社团活动，在校园内形成浓厚的学习氛围和积极向上的学习风气，有利于引导学生树立正确的学习观和成才观，帮助学生养成科学的学习方法和勇于创新的开拓精神。

学生社团在校园文化建设中的作用

校园文化建设作为一项系统工程，应坚持先进文化的正确方向，深入贯彻落实党的教育方针，以服从和服务学校中心工作，为学校改革发展提供精神动力为出发点，以育人为根本目标，努力构建符合时代发展要求，为广大师生喜闻乐见，具有实效的，多元化的社会主义校园物质文化和精神文化体系。学生社团作为青年学生以相同或相似的或自身需要为基础而自愿组成的群众性组织，是校园文化建设中不可分割的一部分。

注重学生社团建设，充分发挥社团的德育功效，活跃校园生活，丰富校园文化，营造良好育人氛围的探索中，从学生需要出发，倡导学生自发成立一些对自身发展有益的民间组织，把兴趣转化为动力，引导青年学生树立正确的价值取向和发展目标，培养自主学习的习惯和自我发展的能力，让社团成为学校精神文明建设的一支重要力量。

1、学生社团能活跃校园生活和文化氛围

用校园文化活动的开展通常有两个途径：一是院校组织，以系部为单位参与的，如学生文化艺术节、校运动会。二是社团组织，以社团为主进行的，如文学社组织的文学创作比赛、棋牌社组织棋类比赛等。

院校组织的大型活动有一定的时限性，如艺术节是一年一度的。因此，在大部分时间内，还是以小型的社团活动为主要角色。社团活动具有很大灵活性，可以是小范围的讲座，也可以是长期进行的系列活动，如社团月刊、月报，每周的学术讲座，甚至是假期专题社会调查。有的学校已连续举办了多届学生社团节，在社团节期间各社团纷纷组织相应的活动，极大地丰富了同学们的课余文化生活，以特色鲜明、针对性强、丰富多彩的活动吸引了广大同学的参与。可以看出社团活动活跃在学生们的日常生活中，在校园文化建设中发挥着重要的作用。

2、学生社团在引导学生学习方面有积极意义

学生社团是个特殊的团体，它可以在学习兴趣方面引导学生。学生因为兴趣而参加学生社团，社团可通过一些学生喜闻乐见的形式组织学生活动，从而引导学生正确的学习

方向和态度，在校园中形成一种良好的学习风气，创造一种具有激励作用的积极的学习气氛。

如电脑爱好者协会组织电脑操作比赛，使全校学生活跃起来，积极上机训练，认真学习电脑技术。又如英语社组织英文歌曲比赛、英文演讲比赛等一系列活动，浓郁了学校的英语学习氛围，在学校形成良好的学习风气。因此，社团对于校风学风建设有着积极的意义。

3、学生社团可以培养学生的多方面能力

学生社团是学生自己的组织，在这个集体里，每个人都能积极参与，他们在这个组织里进行各种活动，在活动中锻炼自己的各种能力，如人际交往能力、口头表达能力、组织能力、领导和决策能力等。另外，一些学会还可以针对自己的专业特点，开展社会实践活动，在活动中锻炼运用专业知识的能力。如法律学会，可以进行长期的法律援助活动，既可以帮助那些有困难的人，又可以锻炼运用专业的能力。前景社即服务学生就业的社团可以利用节假日对人才市场和人才需求状况开展社会调查，帮助同学们树立正确的就业观和做好人才竞争的准备。这对于提高学生的各方面能力起着重要作用。

4、学生社团对素质教育有辅助和补充作用

素质教育是以提高人的自然素质和社会素质为目标的教育。就而言，它应该是思想品德、专业业务、人文社会、身体心理等方面的教育。学生社团对学生素质教育起着辅助和补充作用。如理科生可以参加文学社，提高自己的文学修养；或者参加戏剧社，提高自己口头表达能力。文科学生也可以参加电脑爱好者学会，提高自己对计算机发展的认识，以及自己的电脑操作能力等。

5、有利于对学生的组织管理和行为养成教育

学生课余的分散性和班级管理的相对松散性，使组织管理工作具有一定难度。而学生社团恰恰可以让分散的学生因为兴趣走到一起，联系

在一起,使他们过剩的精力集中起来,发挥出来。同时,可以使那些因无聊而喝酒滋事、闲游瞎逛消磨时日的人有喜欢的事愿干,有正经的事能干。而且,社团的"公共"性质,可以培养学生的合作精神,改变他们自由散漫的习性,矫正他们不良的心理状态和行为方式。

6、有利于整合学生力量为学校教育管理服务

学生自由意识和自主精神都比较强,而学生社团既可以给学生一定的自由空间和一定的自主权利,还可以在此基础上,使所有的学生都找到自己的"组织",从而整合学生的力量。通过这些"组织"引导他们在服务他人和社会的同时,不断锤炼自我,完善自我。

学生社团是校园文化建设的重要载体,是学生与时俱进的活细胞。学生社团通过开展各种形式的活动,丰富了学生的业余生活,开阔了视野,提高了学生的实践能力和综合素质,逐步形成了凝聚学生、服务学生、发展学生的独特功能。随着办学的更加开放,学生社团将会不断发展壮大,不论是社团组织,还是参加社团活动的人数都会增多。在健康、有序、有益、积极向上的活动中,形成与时俱进的先进社团理念、价值观和社团精神,不断的提高影响力,吸引更多的同学参与。

总之,学生社团的蓬勃发展,对校园文化繁荣,提高学生的素质,活跃校园气氛,让学生社团在构建学校和谐校园文化中发挥更大的作用。

学校社团活动的意义

社团活动的意义

社团文化活动能培养学生的兴趣、能力及创造力。通过创设良好的学校社团文化情境,开展丰富多彩的社团文化活动,形成积极向上、生动活泼的校园文化氛围,以情境吸引人、熏陶人、感染人,对学生心理品质产生潜移默化的积极作用,让学生在活动中发现与培养自己多方面的兴趣、能力及创造力,从而有效地促进学生心理的健康发展。

社团文化活动能产生潜移默化的教育力，形成良好心理品质。它是一种具有主体性、发展性特征的教育形式。它虽不是一个固定的教育模式，但因其特有的文化审美和人文精神，"润物无声"而又深刻久远地影响着学生的心理发展。

社团文化活动能锻炼学生组织、协调能力。中学时代正是学生思想观念、个人志向的转型期，社团活动需要社团成员独立处理社团事务，独立的解决问题，主动想办法克服各种困难。将使学生逐步形成稳定的个性心理品质，这对于将来学生步入社会后处理事务、解决问题将起到很大的促进作用。

校园会展的流程

为了办好一次校园展览会，需要事前做好一个展览计划，根据产品的性质，例如可满足何种需求，是否方便运输等，联系和确定可以去办展览会的具体学校，获得校方的认可，然后确定具体开办的时间和场所，安排需要参与的人员或者从学生中聘请部分临时工作人员，安排要展览的产品。包括一些宣传材料和防护品，对进行的展览进行一个经费的预算等形成一个具体的可行的方案。

在展览的过程当中跟校方的各式人员做好沟通协调工作，争取获得他们的支持。确实按照计划的流程进行展览，但也可以根据当时情况进行适当地缩短或者延长天数，可根据市场需求增改你的展览产品。做好面对天气或者人员方面的突发情况的应对。

在展览会结束时，及时清点的产品销量和剩余产品的运回等，发放工人工资，感谢校方相关人员的配合和支持。并对这次展览活动中获得的成功经验和不足之处进行反思，以后能够更好地开展工作。

校园会展协会管理章程

第一章 简介

会展协会是活跃在校园的会展爱好者自发组织的社团，本协会在校团委、校社团联合会的直接领导下，遵循国家法律和法规，遵守学校的各项规章制度，遵守社联工作条例的一个由学生自发组织，非营利性的学生业余群众文化团体。

本协会现有会员××人，协会以实践为主，以理论指导为辅。我们的宗旨是：团结全校所有会展活动爱好者，开着会展活动，使同学们通过亲身参与会展活动的整个过程从中有所收获，给同学们提够更多社会实践的机会，增强会员的社会实践能力，丰富我校学生的课余文化生活，促进我校物质文明和精神文明的建设。我们的工作方针是信任、主动、承担、创新。

本协会是省内目前唯一会展本科专业学生的社团，具有切实的会展操作能力和实践能力，曾参与××山东文博会交通保障组志愿者活动。协会下设：顾问团、秘书处、策划部、宣传部、艺术团、展会志愿者服务队。协会设置会长1名，副会长3名。各部设置正、副部长各一名，协会主要负责人由民主选举产生。

第二章 总纲

第一条 本协会的全称是xx会展协会，简称会展协会。

第二条 xx会展协会是在校团委指导，校社团联合会直接领导下，遵守学校各项规章制度及社团工作条例的一个由学生自发组建、经校领导批准的非营利性学生业余群众文化团体。

第三条 协会性质：非营利性的实践类社团。

第四条 协会宗旨：团结全校所有会展活动的爱好者，开展会展活动，使同学们通过亲自参与会展活动的整个过程从中有所收获；给同学提供更多社会实践的机会，增强会员的社会实践能力；丰富我校学生的课余文化生活，促进我校物质文明和精神文明的建设。

第五条 活动内容：以实践训练为主，以理论教育为辅，实现理论与实践相结合。

第六条 本协会面向所有在xx正式登记注册的全日制学生。

第七条 本协会活动均遵守国家法律法规和学校的规章制度。

第八条 本章程适用于本社团的所有社员。

第三章 活动范围

第一条 传授会展知识，宣传会展活动，组织广大学生参与会展活动的策划、实施和运作，邀请省内外知名会展人物前来讲授会展知

识，分析市场前景以及相关就业指导。

第二条 引进会展项目，策划会展活动，开展会展活动。以引进具有影响力的科普教育文化艺术展为主。

第三条 整合资源，举办产品展示活动，把所得部分资产捐给慈善机构。

第四条 积极参加学校组织的各项活动，预备每学期策划组织一次"会展之夜"晚会活动。配合学校开展的相关主题活动。

第五条 举办社区会展活动，提升会员的社会实践能力。从而让会员认清自我的实力，更加刻苦的学习。

第六条 联系组织近期济南即将举行的第××届运动会志愿者招募活动，第××届园艺博览会志愿者活动以及在××举行的知名展会活动。

第四章 会员

1、会员注册

第一条 个人会员注册的对象及适用范围：

凡承认本社章程，并提出申请的下列个人，经本社审核、批准，均可成为本社注册的个人会员。

（1）本校正式登记注册的全日制学生。

（2）其它自愿加入并成为xx学生会展协会会员的人员。

第二条 注册程度

（1）符合注册资格的爱好者，可直接向本协会申请注册。

（2）填写申请表。

（3）由xx会展协会审核、批准合格后，正式颁发会员证。

第三条 会员享有下列权利

（1）享有选举权、被选举权和表决权。

（2）享有参加协会举办的活动的优先权。

（3）对协会各项工作享有监督、批评和建议的权利。

（4）入会自愿，退会自由。

第四条 会员履行下列义务

（1）遵守协会的章程，执行协会的决议。

（2）积极宣传会展知识。

（3）维护协会的合法权益。

第五条 奖惩

（1）会员表现出色者或各级比赛中获奖者，由本协会予以奖励。

（2）严重违反本章程及xx学院会展协会的有关规定的予以开除会员资格。

（3）在社会上造成严重不良影响，有违反国家相关法律法规，有损会展事业的言行或对山东交通学院校规等方面造成不良影响的行为给予开除会员资格。

第五章 活动经费的筹集及管理

第一条 协会资金主要来自学校支持、商业赞助、捐助和业务范围的服务收入以及其它合法收入。

第二条 协会经费必须用于本章程规定的业务范围内。协会的经费收支情况每学期向会员公开，说明经费的使用情况。

第三条 任何单位，个人不得侵占，挪用协会的资产。

第六章 附则

第一条 会员在参加协会活动过程中，一定要遵守协会纪律，听从活动负责人的指挥，凡因违反纪律或不听从指挥而造成的人身伤害及财产的一切后果，由其本人承担。

第二条 本章程若有不完善之处，所有成员可以提出意见和建议，并讨论修改。本章程最终解释权归本协会所有，自学校核准之日起生效协会长期坚持开展社会实践，进行学术交流，活跃会员学术思想，提高会员学术水平和专业技能，优化会员知识结构。此外，协会还积极组织会员运用所学知识为学校、社会服务；举办学术讲座、技能比赛，表彰有突出贡献的会员；协助学校、学院组织筹备会议、展览等活动，激发会员参加专业实践的积极性；完成上级组织和部门交付的任务，加强与各院系、各学生团体的交流与合作。

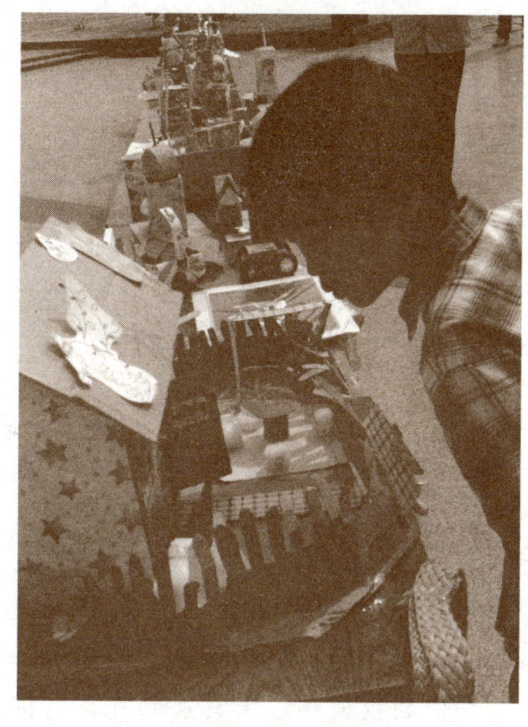

协会下设文秘部、宣传部、策划部、财会部等部门，各个部门设有部长1名、副部长1名及干事若干名。协会负责人每两年经过民主选举产生，各部门负责人每学年经全体会员评议，工作出色可连任一年（但最多连任2年），负责人由会员选举产生。

会展协会经过近两年的发展已经成为校级学生团体，并以特色、专业等优势获得了众多学生的主动参与，会展协会将在学校、学院及相关部门的领导之下，继续努力开展工作，争取更大进步。

校园会展活动领导讲话稿

画展开幕讲话稿

各位领导、来宾、老师、同学们：

大家上午好！

今天，我们的脸上挂满笑容，我们的心中充满热情，我们的校园洋溢着喜庆的气氛，飘荡着欢乐的笑声。因为大家盼望和准备已久的首届毕业生画展如期隆重开幕了。在此，我代表学校向在百忙中光临我校出席此次画展的领导、贵宾表示热烈的欢迎和美好的祝愿，向辛勤工作的画展服务组成员表示衷心的感谢。

通过举办毕业生作品展，活跃了校园文化生活，促进了校园文化建设和精神文明建设，推进了素质教育向纵深拓展，全面提升了我校学生的综合素质。学校对本届画展给予了高度重视和大力支持，举办本届画展的目的在于进一步全面提高我校的教育教学质量，活跃校园文化生活，创建格调高雅、学习氛围浓厚、青春气息浓郁的校园文化；弘扬主旋律，注重多样性，丰富校园文化生活，提高大学生的综合素质；加强校园精神文明建设，全面展示学院文明、进取、拼搏、创新的精神风貌。

  我们深切的感到,学校的快速发展,越来越迫切的需要大力加强文化建设。因为文化是一所学校核心竞争力的重要组成部分,是一所学校赖以生存和发展的根基,是一所学校的灵魂。举办学生作品展,结合同学们的专长,开展丰富多彩的文化活动,为同学们提供了展示才华的舞台,是一种很好的形式,很好的办法。学生们在活动中能发挥自身特长,锻炼自己,同时发扬互助互帮的精神。此次画展就是为艺术系的学生们创造一个展示自我、发展自我的舞台。本届画展不仅是对学校素质教育成果的大检阅,也是对学校师生文明程度和精神风貌的大检阅,希望全体师生携起手来,为把本届画展办成一次高水平、高质量的素质教育盛会而努力!

  老师们、同学们,为营造多元有序的校园文化,增强大家积极参与意识,突出素质教育,使广大同学有一个充分展示自己的舞台,我校已成功举办了"校园风采大赛"、"深度交流会"许多校内活动。在此,我希望全院同学都能以饱满的热情投身到校园文化建设中来,为首届画展的圆满成功做出自己的努力!请同学们在这个大舞台上尽情地挥洒青春风采、追求完美的自我吧!

  最后,预祝我们此次活动圆满成功!谢谢大家!

××年×月××日

校园会展活动学生发言稿

××年国庆书画展代表发言

敬爱的校领导、老师们，亲爱的同学们：

大家好！

我是××，是高三×班的一名学生，同时更是高三美术班的一员。我很荣幸代表我们全体艺体生在此表达我们对学校及老师们的感激之情。

首先，我很感谢学校对艺体生的重视。是领导们的重视让我们有了表现的机会。是领导们的重视让我们有了发展的方向，对于我们广大学生来说，这是对我们的一种支持、肯定，更是对我们的一种激励和鼓舞，使我们在学习上不敢有丝毫懈怠，同时，我还要感谢培育我们的老师们，正是因为有了你们的辛勤付出，才会有我们美好的明天。

作为高三艺体生，自从我们全天练习专业以来，我心里感慨万千。虽然我们每天都过着千篇一律的生活，同学们有时会觉得烦躁、无聊，但是却没有看到任何一位同学放弃，任何一位同学退缩，与此同时，每一位同学都能够按时的完成自己的作业，我想这都是每位同学日夜苦战和老师家长们的付出换来的。李校长曾说过：知识改变命运，艺术丰富人生。我不想说我们累，更不想说我们苦。因为我们是青春、潇洒的90后，因为我们明白这是我们所选择的道路，是我们不能放弃的执着，风雨过后我们依然会展露笑容，今日的苦和累是为了我们明天的成就，为了我们肩上的那份责任，我相信我们会做的更好，我相信前方的风景一定会因为我们的努力而变得更美丽。

这次国庆书画展，能够获奖我觉得很荣幸，这是学校给了我们一个展示自己的平台，让我们充分发挥自己的特长。当然，我们也不会因为这次得奖而沾沾自喜，停滞不前，它会是我们前进路途中的一股动力，更是校领导和老师对我们学习的肯定。学如逆水行舟，不进则退。我们只有不断地努力，不轻言放弃，，才能取得更优异的成绩，才能创造更美好的未来。所以，我们都一定要努力起来，用行动来证明自己，用结果来报答校领导，老师和家长。

在我们走过的这十几年中，遇到过很多困难，但我们都已经勇敢的去面对，去克服了，秉着绝不放弃，持之以恒的信心，不断地从知识的海洋汲取常青的营养。带着感恩的心，踏踏实实，一步一个脚印去迎接未来的挑战。时时刻刻提醒着自己努力，真正做到多层次，全方位地发展自己，树立远大的目标，并且为之不断奋斗，直至成功。

我们都要经历人生中重要的转折点——高考，面对高考，请关心我们的人相信：相信我们努力就一定会成功！相信我们坚持就一定会胜利！相信我们一定会有辉煌的未来！

最后，我想用一句最朴实的话来激励大家，同学们加油！

高三××班　××

会展活动的通讯稿样稿

通讯稿一

12月13日由院团委主办、系团总支、系学生分会、学生社团联合会书画协会承办的书画摄影展以及由护理系承办的壁报展展览仪式在教学楼大厅开幕。

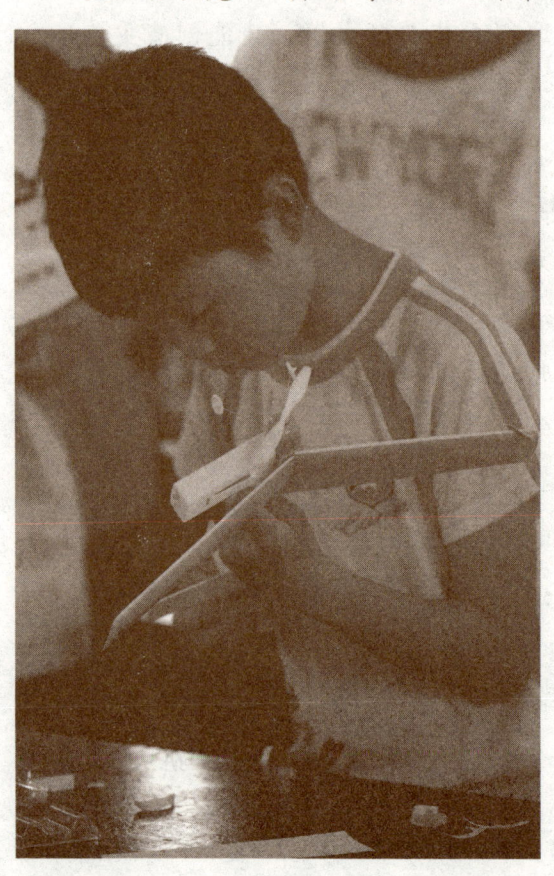

参加仪式的领导有××。仪式由××老师主持,在仪式上院党办主任××老师发表讲话,××主任鼓励在校园内多组织此类活动,以丰富同学们的课余生活、陶冶同学们的情操。随后在一阵热烈的掌声中,院领导及老师们饶有兴致地参观了书画摄影和壁报作品,并为优秀作品投票。

经过两天的展览,共计收票1200多票。最后通过老师和同学们的投票结果选出了本次书画摄影展和壁报展的获奖作品。

通讯稿二

经过几周的准备工作,由系团委主办两委综合办承办的"××学院首届摄影展"于××年××月××号展出,并取得圆满成功。

本次活动得到了院系部领导及系辅导员的支持,同时同学们也积极参与。影展当天院部领导莅临现场对影展做出总结:首届影展中虽存在一些不足,但总体上还是非常成功的。对我们的工作作出了肯定,最后鼓励大家在以后工作努力工作。当天也有许多同学来到现场参观并参与评比。本次活动评比出了特等、一、二、三及优秀奖。

通过本次活动同学们相互交流经验,并从中学到一些摄影知识,丰富了同学们的校园生活。

通讯稿三

历时半个月的国庆摄影展结束了,这次活动在各位吧友的鼎力相助和积极参与下,取得了圆满的成功!共收到参展贴子29个,其内容清新高雅、丰富多彩,囊括了我们祖国各地及大洋彼岸的风景,特别感谢候补村长和流浪者之哥两位身在异乡的游子,为我们拍摄了生动的异国情调的作品,让我们身在中年吧,神游全世界。另外,还感谢中国摄影协会会员、摄影高手划翔的青鸟的精彩作品,让我们开阔了眼界,欣赏到了专业的,高水平的摄影作品。

还有很多吧友是第一次上传自己的照片,这种热情真的让人感动,通过此次活动,好多朋友提高了摄影技艺,领略了大自然的风采,陶冶了情操,品味了生活的乐趣,我们以

后要多开展这样的活动。

感谢各位朋友的大力支持!

通讯稿四

本次摄影的具体活动时间为5月10日至5月15日,活动地点为第五教学楼一楼大厅。摄影展举办的比较成功,得到了广大师生的一致好评,展出的摄影作品效果清晰,内容丰富,不仅有大自然中的各种植物,而且还拍出了××的山水特色,体现了较高的摄影技术。并且在展出过程中同学们能积极踊跃地参加,极大地配合了摄影部的各项工作,保证了此次展览的质量。

美中不足的是本次摄影作品只局限于××的山水风光,没有向更远的地方迈进,而摄影工具不是很齐全、先进,使得有些作品没有展出,下次展览时我们会改进不足之处,把摄影展办得有声有色。

通过本次摄影展,让大家更加清晰的了解和认识了大自然,在精神和思想上都给予了会员们极大的鼓励,让大家深刻地懂得了如何爱护大自然,爱护这些珍奇美景,更加有信心将本协会发扬光大,在这片有利的土地上散发光和热,使我们协会成为院最好的社会团。

对于活动的不足我们要改进,希望下次活动前各部负责人努力部署好各部工作,会员们应积极配合,将协会的明天创造得更好灿烂、辉煌。

校园会展活动的总结样稿

校园图片展活动总结

为更进一步发扬我校优良的校风，展现我院学子文明的风采，更好地推进我校校园文化建设，促进学生的思想道德品质和文明习惯的养成，让学生自觉爱校，共同创建文明校园，争做文明学生。第一临床医学院、护理学院在首届新生节·第三届文化艺术节期间举办了这次以"扬文明校园，建文明校园，做文明学生"为主题的文明图片展。

这次图片展从11月4日开始，11至7日结束，共展了4天。此次图片展分为行为文明、校园文明、食堂文明、图书馆文明、寝室文明、出行文明、网络文明等7个方面。由于前期宣传工作做的好，图片展出后观看的同学很多，同学们互相议论着身边发生着事，看到这种场景，那种自豪感油然而生。

在整个活动开始到结束，都有许多人的参与，图片的征集面向第一临床医学院、护理学院全体师生，在图片筛选中有我们学生会其它部门的协助，但主要以宣传部为主体。

图片展从10月22日开始准备，在这过程遇到许多问题，但这是以后要注意的：

1、后期工作安排没有做到位

在展览的期间，只是提到安排人员负责收挂，但做完展片展出后，没有具体到分配谁早上挂版，谁晚上收版。

2、部门之间的界限有些明限

此片展是宣传部做的，但也是整个学院的一次活动。其它部门的成员应去看看，带动同学们，也应该去问问是否需要帮忙。作为学生会一员，应该能够做到这些。学生会的活动，不管是哪个部门做的，我们成员都有权利，也有责任去参与，因为我们是一个整体。

3、经费预算

图片记载的只是昨天发生的点滴，那也便成为了过去，此次图片展，使同学们能对自己的行为作检讨，并监督其它同学。活动有成果，以后可以继续下去，从不足中吸取经验教训，使下次图片展活动更完美。

"乡风乡韵"民俗文化摄影展活动总结

11月12日至11月15日，由学院组织举办、科技部承办了"乡风乡韵"民俗文化摄影展。这是学院近年来首次举办此种题材的文化摄影展，也是我们学院学生会科技部调整后举办的一次重大活动。

我们同学的家乡遍布祖国的四面八方，有的在农村，有的在乡镇，有的在城市，有的在工矿。无论在哪里，家乡都具有独特的魅力，是我们最熟悉的地方。从进入艺术学院的那天起，用相机把我们熟悉热爱的家乡生活的方方面面记录下来，是同学们迫切的愿望。在过去的日子里许多同学用自己手中的相机记录下了许许多多的来自家乡的真实画面，这些画面体现出了浓浓的乡风乡韵，形成了散落在同学们中的十分宝贵的摄影艺术资源，这次摄影展，充分挖掘了这种资源，也给了热爱家乡的同学们一个展示才艺的机会，取得了圆满成功。具体表现在如下几个方面：

一、收集的图片具有广泛的代表性。此次活动共收到各种摄影图片上百幅，参加活动的同学来自全校各个学院，收集的作品既有城市题材，也有农村题材，既有人物摄影，也有风光摄影，多种多样，丰富多彩，给大家展示了一个五光十色的世界。欣赏这些图片，如同跟随同学们去了一次他们的家乡，饱览了家乡风貌，游历了祖国的山南海北。

二、展示了较高水平的摄影才艺。此次摄影展，不仅代表性广泛，同学们也展示出了较高水平的摄影才艺。注重了光线、构图、人物表情、逆光、夜景、以及其它各种摄影艺术手法都得到了广泛的应用。

三、影展组织的有条不紊。此次摄影展对我们学生会

科技部的大部分同学来说，都是第一次组织，如何组织收集作品，如何制作展板，如何组织评奖，对我们来说都是新课题。但大家团结协作，共同努力，虚心求教，勇敢实践，在工作中学习，在工作中提高，在成功组织这次摄影展的同时，自己的能力、素质也得到了锻炼提高。

由于我们经验不足，此次影展也存在些许遗憾和不足，如由于时间紧，宣传不到位，还有一些同学的优秀作品没有收集上来；展板设计上应当更加完善等，这都是需要在以后的工作中加以改进的。

××年12月10日

"迎奥运书画展"活动总结

书画展作为我校学生展示自我风采的一个平台，它为我校营造校园文化氛围做出了贡献。在各级领导的大力支持下，我们借鉴往届书画展的宝贵经验，举办"迎奥运书画展"。

本届书画展共征集作品16件。经宣传部委员筛选，再由校团委老师评议，共选出5件优秀作品。从通知发出到展出结束，整个过程都比较顺利的进行。

总结成功的经验，我们也从中发现一些不足：

1、前期工作准备不充分，宣传力度不够，以至于个别院系在征集作品期间敷衍了事，上交的作品质量较差。

2、展出期间，部分同学诚信度不够，有重复投票现象。有些经工作人员及时发现给予阻止，其余的投票真实性有待考究。

3、系部作品未按要求上交，有不少无作者、无班级、无名称的作品。这给我们的后期整理及获奖作品的评选工作带来了诸多不便！

无论成功或是失败,都已成为过去。相信这将成为以后工作的宝贵经验,我们将会以积极的姿态迎接下一次工作的到来。

××书画社××级新生书画展活动总结报告

××大学××书画社在校团委领导的支持下,在全体社员的共同努力下,××级新生书画展已经圆满落幕。此次活动的主题是"我的作品,我的个性;我的生活,我来做主"。一幅幅优秀的作品给广大师生们带来了一次盛大的宴会。这次活动不仅给新生提供了施展才华的舞台,而且带给整个校园带来了一幅生机勃勃的画面,增加了学校的人文气息,使广大师生在忙碌地工作、学习之余享受到书画的独特韵味,感受到生活不一样的风采。

1、活动背景

新学期开始了,××级的新生们军训也结束了,青春活

力的他们,一定是多才多艺的,他们当中肯定有很多书画爱好者,为了让他们更好地适应校园、展示自己、充实生活,我们将举办一场专门为××级新生展示其书画作品的展览,在全体新生中征集书画作品,然后选出一定数量的优秀作品展示,并设立奖项,以资鼓励。

××年社团招新活动结束之后,××大学××书画社广招新社员,同时也正临她的第五个周年纪念日。在这个特别的日子里,面对着一群踌躇满志、活力四射的新社员,我们在感受到未来社团欣荣发展之景象的同时,也在积极考虑如何帮助新社员迎接今后的社团生活。籍此,我们将举办一场专门为××级新生展示其书画作品的展览,在全体新生中征集书画作品,然后选出一定数量的优秀作品进行展示,以增加新同学对今后生活学习的热情和动力。

2、活动主题

我的作品,我的个性;我的生活,我来做主

3、活动目的

为新生的书画爱好者提供展示的舞台,让他们感受大学生活的文化气息,丰富同学的生活,陶冶情操,吸引更多的书画爱好者,发扬中国的国粹,活跃校园文化,增强我校艺术氛围,提高我校学生艺术欣赏能力,促进我校素质教育的发展,促进校园精神文明建设,继承并发扬中华民族光辉灿烂的文化!

4、主办单位

校团委、××书画社

5、活动时间及地点

11月02日中午12:00至18:00梅园食堂东门

11月03日中午12：00至18：00桃园食堂东门

5、活动人员

参加活动的成员：全校××级新生

参与布展的成员：社长××，副社长××，宣传部、企划部、外联部各部长及部员，部分社团内部志愿者

6、活动流程

（1）10月10日至10月27日

作品征集：由书法组、绘画组、篆刻组各组长每周六晚在教7-105收集。考虑到部分同学的时间安排有冲突，平时提供负责人收集。

活动宣传前期：由宣传部制作海报和宣传单，各部调出部员分发传单。

（2）10月28日至10月30日

组建作品评审团，进行作品评选，并设定奖项；

活动宣传后期。

（3）11月01日确定展览地点并装裱作品。

（4）11月02日、11月03日早晨10：00开始布置展览，18：00撤展。

（5）11月07日晚19：00，在教7-105为获奖人员发放奖品，20：00召开会议对本次活动做总结报告。

7、活动结算

内容	价格（元）	备注
海报	8（元）×15（张）=120	桃园、梅园、橘园每个宿舍区各1张；三个食堂各一张
奖品	400	一等奖50元（1个）奖品；二等奖30元（3个）奖品；三等奖20元（5个）；纪念奖161元

贴画板制作	260	主要是制作屏风展板（此板可以重复使用），将部分作品挂在板上，置于食堂门口展览
作品装裱	450	由于作品大小不一，装裱费用总计为450元
书画用品	180	给同学提供的笔、墨、纸等材料费用

8、活动开展情况

场地负责人：××

现场参与工作人员：××

作品展出材料：展板20副，向学团联征借；作品40幅；作品悬钩25个，社团经费购买。

展出情况：本次展出共分两个阶段，11月02日、11月03日中午12：00正式开展，18：00撤展，展出时间共计12小时。

虽然时间不是很长，但是效果非常好，前来观赏的同学络绎不绝。虽然当天的环境很恶劣，由于天气的原因，我们布置现场的工作遇到一些困难。大风给我们带来了很大的不便，但是我们社的同学们没有因此而放弃，为了避免大风将宣传板吹倒，他们亲自用手扶，这点让人很感动，社员们每个人都拿出充分的激情保证展览能够顺利进行。当天前往观赏的同学很多，而且同学给予的评价不错，部分留学生也前来参观，达到预期展览效果。

工作人员在布展：展览当天，虽然天气温度骤降，寒风凛冽，可是无论是参展的工作人员还是观展的同学都显示出了极大地热情。许多同学都驻足欣赏。

9、活动小结

11月02、11月03日为展览日，可是天气温度骤降，并且还刮起六级至八级的大风，给展览工作造成一些困难。但是由于小组成员前期制定了详细计划并做了充分的准备，所以本次新生书画作品展的前后工作得以顺利进行并取得预期效果，新生提交作品积极活跃，观展的同学络绎不绝，参展人员尽心尽责，使得活动最终办得有声有色。

在取得硕果的同时也有不足之处。由于本次新生书画展活动为我社办社以来的第一次，属于创新型活动，经验不足在活动准备、活动经验上有所欠缺。前期活动策划时准备工作到位，不能使后期工作得以顺利开展。对活动期间可能出现的问题没有考虑周全，时间安排和活动地点的调配上不协调，基本设施安排紧张。譬如说本次展出为室外展，却忽略了天气因素，导致布展时出现困难，作品征集时没有考虑到提交作品的格式要求，因而对作品的装裱不能统一，且影响了装裱效果等一些不足。有些地方我们要在以后的活动中加以注意，能够为今后活动提供借鉴，相信今后的活动会更加顺畅，更加精彩。

但正如本次活动举办的口号"立足现实，不断改进，争当先进社团"所显现的社团活动精神及目的所在，我们需要的就是在这种不断地探索与创新中，找到社团发展的活力及生命源泉所在，能够在众多的校园社团中脱颖而出，争当优秀先进社团，为丰富校园文化生活，为增强学校的文化素质教育氛围，为继承并弘扬中国古老的国粹文化尽最大的努力和贡献。虽只是一份绵薄之力，却彰显了当代东大学子止于至善、孜孜不倦、追求卓越的崇高精神面貌！

摄影展活动总结

为活跃我院的文化生活和庆祝"五一"国际劳动节，在学院领导和院团委的支持下，本协会与摄影协会及记者团于4月22日~23日下午在图书馆一楼大厅联合开展了"拥抱五月"书画摄影展活动，取得圆满成功，以下是本次活动的总结：

本次书画身影展相对以前来说规模比较大，同时请到了各兄弟院校的代表来参加本次书画展，通过这种方式让我们与兄弟院校的友谊加深了不少，在文化艺术方面也得到了共同进步，与此同时，活动过程也存在不少不足的方面。

首先在向各院校发送请帖的过程中，有些成员在出发后才发现不懂得自己要去的院校在什么地方；甚至写请帖上的文字有错误的地方；其次在活动过程中，我们没有更好的与到来的兄弟院校代表进行交流以及对作品的介绍，而且没有收集到他们对我们这次活动的看法和意见，这都说明了我们工作经验上的不足和不够细心，我们要在今后的工作中多注意、多想，这样才能把工作做好。

校园会展类活动指导手册

在观赏完作品后，就是我们的现场书法和作画时间，也是我们这次活动的意义之一。各兄弟院校的高手一一表演了自己的书法技巧，加上我协会的指导老师梁劲的指导之后，使现场的书法爱好者认清了自身存在的缺点和不足；绘画指导老师××老师也为我们现场展现了他精湛的绘画技艺，在××老师的寥寥几笔之下，就构成了一幅栩栩如生的画面，赢得了在场同学的热烈掌声。

本次活动还存在一个不足的地方，就是国画作品数量不多。也许是因为缺少这方面的人才，因此我们会在今后多注重培养这方面人才。

本次画展不仅得到了指导老师的指导，而且还得到了××耿清副院长的肯定和支持，同时他还建议我们在书法作品自己装裱，多吸收书画艺术方面的人才。

通过本次活动，我们获得了不少的收获。不仅提高了我们的书画水平，也有助于提高我们的管理、合作、交流等方面的能力，也使我们和各兄弟院校的友谊得到进一步的加深。

以上是本次活动的总结，在今后的工作中，我们将继续发扬我们的优势；针对不足之处，我们要多汲取经验教训，善于总结问题，为以后举办规模更大，水平更高，质量更好的书画展打下基础。在我们加倍努力的同时，也希望得到学院领导和团委对我们活动的支持与帮助。

"迎评估"书画展总结

××年5月18日我协会举行的"迎评估"书画展暨首届书画联展在院团委，社团总汇的领导下，本校各个社团的协助和本社团各个会员的密切配合下取得了圆满成功！

本次书画展旨在宏扬我国传统书画艺术，增强四所学校（即××学院、××院、××学校及我院）书画协会的交流，增强校园文化建设，丰富校园生活，提高同学们对书画的兴趣。并得到了学院领导、老师的肯定和同学们的好评，为学院迎评工作画上了美丽的一笔！本次活动在学院一栋大厅展出，具备天时（天气好）、地利（学院人流量最大）、人和（各位同学文明参观）三要素是本次活动成功的关键。

1、准备阶段

（1）各个会员利用课余时间积极创作，并把所有作品与4月30号收齐，于5月7日把参展的作品全部装裱完毕，但由于经费有限，本次只能装裱了4位同学的10副作品，致使打击了部分会员的积极性。

（2）主要由会长与各个院校作好联展工作的方案和安排。

2、展出过程

大部分会员都能按照原计划安排各就各位。

（1）5月17号晚9点30拉线布置大厅，次日5月18日早6点30开始挂出作品，并全天安排会员轮流值班，晚10点收回作品并清扫大厅。

（2）5月18日下午5点开始接待工作，我院18个社团会长合影"全家福"（其中篮球协会、越南语协会、广播站缺席），邀请到的领导、老师由于工作原因到场的也较少。

（3）由于本次书画展已在××经过展出，所以只邀请了没有参加上次展出的××大学和××学院，但两所学院均没有应邀。

（4）现场表演一块做得较好，应邀参加的××学院代表××和××学院代表××及本社团的各位书法高手大显身手，还邀请了外教参观交流。

3、活动经费

（1）笔、墨、纸共计105元。

（2）装裱费用共计330元。

（3）展厅布置材料费共计45元。

4、不足之处

（1）在布置展厅当天没处理好于其它协会海报的摆放，（遮掩了越语协会的宣传海报）。

（2）个别会员没有按计划按部就班，致使部分工作临时受，5月18日下午只有一位愿计划安排的同学到场。

（3）制作横幅是没事先请示上级领导，导致制作的横幅不符合要求（不能用白纸黑字，要从左往右写），不能按计划挂出，通过次此活动不仅丰富了校园文化生活，同时增强了会员间的凝聚力，增进了学院各个社团的交流，本次活动为我协会今后的工作积累了更多的经验和教训，相信会员们以此为一个新的起点，在今后的活动中表现更为出色！

总结人：××

××年5月20日

"迎元旦"书画展活动总结

12月29日我校举行了"迎元旦"书画展。在校领导的指导下，各位班主任的大力协助和综合组成员的密切配合下举得了圆满成功！本次书画展旨在展现我校学生的风采和精神面貌，营造积极向上、清新高雅、健康文明的校园文化氛围，构建和谐校园，丰富校园的文化生活，提高同学们对书画的兴趣。

1、准备阶段

（1）美术老师平常在上课过程中就注意了学生作品的

收集。并于12月1向全体学生布置了此项工作。

（2）各班学生利用课余时间认真创作，美术老师积极配合指导，原定于12月25日开始收取学生作品，有的老师于12月15日就开始收集了，并且亲自筛选，让不合格的学生回去重画；还有的老师挤出自己任教学科宝贵的复习时间，不留作业专门让学生专心绘画。各年级美术老师都在12月25日全部收齐了学生作品。

（3）领导认真指导，合理安排。综合组全体老师通力配合，于12月27日一天将全部作品布置完毕。

2、评奖结果

本次比赛本着校方让所有参与的学生都能有所收获的原则，获奖比例较高，参与学生300多名，展出近30余幅，获奖学生27名，为使本次画展对学生的学习和创作起到指导性的作用。我们又将奖项按低、高、中年级组分别设置了一、二、三等奖。

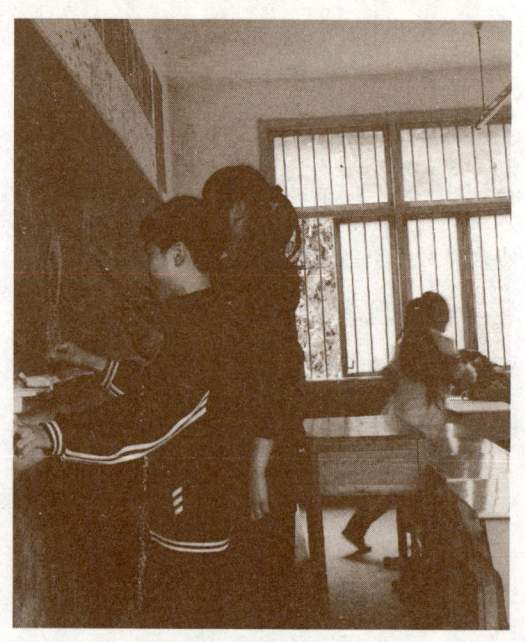

3、活动效果

此次书画大赛宣传了校园文化，增加了学校的文化底蕴。本次画展共近百幅作品参加比赛，其中包括了优秀的国画作品、素描作品、书法作品、漫画作品等，作品数量多、质量高、形式丰富多样、风格各异，中年级的卡通画作品色彩鲜艳、构图丰

满,漫画作品内容有创意、观察视角独特,高年级的专业绘画作品也展现了学生不俗的绘画技巧,充分体现了我校全体同学的朝气蓬勃,过人才艺。

　　本次书画展使广大同学找到了一个相互交流的平台,展出的书画也受到了广大同学的好评,得到了大家的认可,每天看书画的同学都是络绎不绝,经常在课间见到三五个同学围在一幅画前品评讨论,显示出了对书画的极大热情。

　　4、不足之处

　　(1)学生作品中我们看出学生受社会生活的影响很大,作品中有很大一部分为卡通画临摹作品,这说明这部分学生不善于观察生活,发现生活中的美。这部分学生需要引起老师的重视,一对其欣赏水平适度引导,二引导他以积极的态度面对生活。

　　(2)本次画展为了让学生节省开支,没让学生装裱,老师用透明胶粘贴上墙的方法,优点:造价小、方便、省力。缺点:不便于保存、比较浪费。

　　通过次此活动不仅丰富了校园文化生活,同时增强了本学科的魅力,相信同学们会以此为一个新的起点,在今后的活动中表现更为出色!

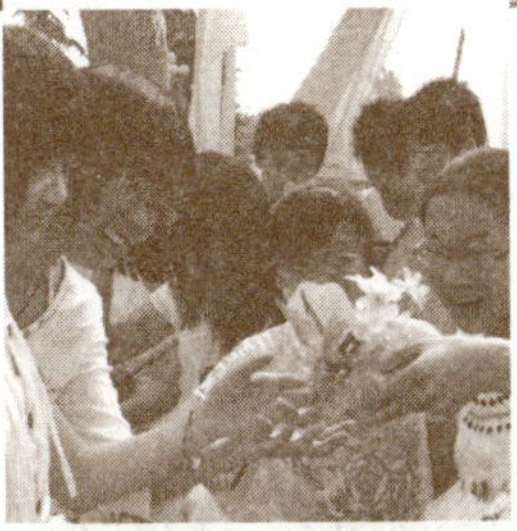

NO4. 校园会展类活动策划案例

"自然魅力"校园摄影展

活动背景

展现校园美好的生活画面，彰显我校风采，丰富同学们的课余生活，激发大学生的爱校热情，提升学生的生活品味。此届校园文化摄影大赛聚焦校园文化活动，以摄影为专题，旨在挖掘同学们身边的精彩内容，着重刻画学生朝气蓬勃的青春，让大家更多的了解校园文化活动本身的魅力，扩展同学们的艺术视野，弘扬学生积极向上的精神风貌！集中展示我校实施素质教育取得的优秀成果，深入开展"第二

课堂"活动,激发大家参加实践活动,社会活动的兴趣!普及推广摄影知识,提高广大摄影爱好者的技术水平,展示参赛者的摄影技术、想象力、审美能力,特此举行此次摄影活动。

活动目的

通过这次摄影大赛,不仅让大家更多的了解校园文化活动本身的魅力,还能扩展同学们的艺术视野,弘扬大学生积极向上的精神风貌。记下校区的美丽身影,留住同学们的精彩瞬间!

主办单位:校学生会

承办单位:学生会宣传部

参赛对象:在读各年级学生

作品要求

1、参赛作品的表现手法和体裁不限,提倡反映校园文化生活、大自然的作品参赛。

2、凡经过电脑制作,改变原像面貌的以及在全省以上摄影比赛中获奖或展出过的作品都不得参加此次比赛。

3、数码相机、手机拍摄的作品均可参赛。

4、所有参赛作品一律要求精制成6英寸以上照片。

5、参赛作品独幅、组照均可。组照每组不少于3幅,不超过10幅,每人投送作品数量不限。

6、每幅参赛作品背后须用中文填写:作品名称、组照须有照片说明及顺序号、作者姓名、系别、班级、联系电话,以便评选揭晓后通知作者。

7、主办方有权调集获奖作品原底或原始数码文件进行核实,不能提供底片或原始数码文件者或电子文件被取消获奖资格,底片用毕即退还作者本人。

8、作品内容必须积极健康,强调个性和追求创新。

9、作品必须为本人原创。

作品征集

1、投稿方式

各院将作品于4月4日之前将作品提交到宣传部。

个人通过短信或电话直接联系负责人进行上交。

2、投稿要求

以院为单位上交作品。

参赛者将自己的参赛作品用信封装好,在信封上请注明姓名、系部、班级、学号、联系方式、所用相机、手机或数码机类型,数码作品原文件发送到电子邮箱。

联系人:王老师

联系电话:××

电子邮箱:××@qq.com

评选方式

宣传部将邀请专业人士主要成员组成评委会对所参赛作品进公平、公正评选。

活动流程

1、准备阶段:参赛人准备作品。在此阶段,如有疑问可向大赛负责人咨询。

2、提交作品阶段:参赛者可以通过各学院或直接交到联系人处。

3、评比阶段:评委由特邀学校老师代表共同担任,公开、公正。

4、颁奖地点:届时在综合楼211教室进行颁奖,时间另行通知。

5、作品展出:在第三教学楼门口及林荫大道展出本次比赛优秀作品。

活动宣传

活动期间由宣传部在林荫大道挂横幅一条。

通过学生会在各院宣传。

奖项设置

1、组织奖

一等奖：1名

二等奖：2名

三等奖：3名

优秀奖：6名

2、个人奖

最佳创意奖：2名

最佳取景奖：2名

最佳色彩奖：2名

最佳角度奖：2名

活动声明

1、参加者必须保留作品的拍摄底片，数码作品保留原文件；参加者所提交的作品将被视为同意公开发表，所有参加作者均同意其参加作品在校园内展示。

2、作者对其参加作品的版权、著作权、肖像权负有全部法律责任。如参加者剽窃他人作品或其它因参加作品而产生的法律纠纷，由参加者个人承担全部法律责任，与主办方、承办方无关。

3、发表的图片及言论仅代表个人观点，自行承担相应的法律责任。凡不符合参赛要求的，大赛组委会有权在未经参加者本人同意情况下进行删除。

4、所有参加作者均被视为对以上规定和要求认可。本条款未涉及的问题参见国家有关法律法规，当本条款与国家法律法规冲突时，以国家法律法规为准。在本条款规定范围内，主办方有最终解释权。

校园书画大赛活动策划书

活动背景

为呈现中国传统文化魅力,发扬中国文化精神及创新精神,为校园增添文化气息,提升同学文化素养,星湖书苑特举办××校园文化艺术展活动。

活动目的

1、为弘扬中国传统文化的魅力,传承传统文化。

2、增添校园传统文化魅力,提供校园书画爱好者交流的平台。

活动主题

××××

活动内容及比赛流程

1、活动时间

10月28日至11月3日。

2、主办单位

共青团。

3、具体流程

10月25日完成策划。

10月26日横幅与海报的制作、张贴。

10月27日~10月29日全校征集作品。

10月30日评选出入围作品,并布置活动场地。

11月1日~11月3日展出作品。

展出期间安排人员维护场地秩序及卫生,预防紧急事件发生,如防风、防雨,以防参赛作品遗失、损坏。每日早上8:30将作品展出,18:30将作品取回并及时清理场地。

大赛规则

本次大赛将面向全校师生征集作品,可以是个人,也可以是以班级宿舍为单位提交一份作品,提交各地、方民族的特色作品,彰显各地区民族文化。以达到各地区民族间的文化交流。

说明:

1、参赛作品要有内涵,应表达积极向上的态度。

2、作品必须是自主创作,不可弄虚作假,更不可抄袭他人作品。

作品要求

1、范围

(1)书法作品。软笔书法作品最大篇幅不得超过四尺整张,最小

篇幅不得大于四尺四开。硬笔书法作品篇幅不超过八开即可。所有入围作品全部归于承办单位所有。

（2）绘画作品。可以是中国画、油画、版画、色彩、素描、速写等。绘画作品最大篇幅不得超过四尺整张。所有入围作品全部归于承办单位所有。

（3）篆刻作品。篆刻作品全部将印章钤印在四尺三开的宣纸上，钤印规整，不要杂乱。

2、内容

积极向上，有一定技术性，可彰显地区民族文化。每一件作品附以标签，写清作品名称、作者姓名、院系班级及联系电话。如果是民族文化艺术品则要标注作者或团队家乡名称及简介。

活动场地

学校第一食堂前。

奖项设定

书法组、绘画组、篆刻组分别设一等奖1名，二等奖2名，三等奖3名，优秀奖若干，并对获奖者颁发荣誉证书。

××学院委员会
10月25日

学习雷锋之图片电影展

活动目的
　　为了响应校团委提出的"立足校园，服务社众"的倡议，宣传雷锋精神，志愿服务社会。本着"奉献、友爱、互助、进步"的原则，以"创建校园、服务同学、锻炼自我、互助共进"为宗旨，我校青年志愿者协会积极投身创建校园精神文明和校园志愿者服务活动。更好地把志愿精神、热情、专长发挥于服务他人、锻炼自我的服务活动中。

主办单位
　　青年志愿者协会

活动主题
　　弘扬雷锋精神，回荡青春记忆

活动时间
3月13日至3月22日

活动对象
全校师生

活动范围
展示和放映有关好人好事，雷锋精神，志愿者精神等等的图片和电影。

活动地点
第一食堂一楼及教学楼

活动形式
图片：以展示的形式，一食堂一楼。

电影：以放映集中收看形式，大教室。

活动前期筹备
活动策划人负责起草及修改策划书，最后把策划书交由学校审批；

策划书审批通过后动员网宣部的干事以及青协的其它成员收集相关的图片和电影，统一发到青协的官方邮箱：×××××@163.com；

网宣部干事负责做好活动前宣传工作，包括海报、校园广播、QQ群、微博等；

网宣部的干事把收集到的图片和电影进行分类，并把图片打印出来；

财务部人员活动中协助登记收发工具，活动当天由义工部干事负责布置活动现场并在活动中维持好现场纪律及活动后做好后勤工作。

活动流程
1、图片展

3月13日10：30，校青协网宣部、财务部和义工部的工作人员在一食堂一楼集中，活动负责人清点人数；

3月13日10：40，人员到齐后到指定地方搬工具和桌椅到活动现场，其它人员同时开始布置场地；

3月13日11：30，活动正式开展，活动过程中，网宣的干事负责对观看的师生进行讲解；

3月13日17：00，活动接近尾声，所有人员集中合影留念；

3月13日15：30，活动圆满结束，相关负责人清点人数，财务部的人员清点工具等，其它人员把桌椅搬回原处以及清洁干净活动现场；

3月14日，与3月13日的安排一致。

2、电影展

3月15日19：30至21：30，在119教室放映第一场电影，，网宣部的干事负责放映工作，义工部的干事负责现场纪律维持工作；

3月19日19：30至21：30，在119教室放映第二场电影，网宣部的干事负责放映工作，义工部的干事负现场责纪律维持工作；

3月22日19：30至21：30，在119教室放映第三场电影，网宣部的干事负责放映工作，义工部的干事负现场责纪律维持工作。

活动后期

在图片展结束后，网宣部的代表写份通讯稿，并把通讯稿和照片上传到校园网。

每放完一场电影，要总结经验，以便下一场准备得更好。

电影全部放映完毕后，让观看者写一份心得，并收集起来。

注意事项及应急方案

参加活动的人员必须积极热情有礼，注意卫生，放电影时保持安静，体现出志愿者的良好形象；

放电影活动中如果出现多媒体有故障或者断电等情况，义工部的人员要想办法维持好现场秩序，网宣部的人要想办法尽快解决，如果解不了，联系多媒体管理中心或者学校相关负责人；

活动中如果遇上突发情况，应及时通知活动负责人，由青协增派

人手维持秩序或通知学校保安；

活动主要负责人及联系方式

姓名	职务	电话	短号	备注
×××	×××	×××	×××	×××
×××	×××	×××	×××	×××
×××	×××	×××	×××	×××

经费预算

名称	单价（元）	数量	小计（元）
相片打印	1	80张	80
绳子	6	2卷	12
双面胶	10	2卷	20
透明胶	5	6卷	30
回形针	5	2盒	10
合计	/	/	152

特向××申请152元活动经费，望批准！

院青年志愿者协会
3月6日

附录一

详细活动人员安排及联系方式表

姓名	联系方式	主要负责工作	备注
×××	×××	×××	×××

校园第一届优秀图书展销会

项目背景

随着知识经济的到来,现代经济的增长则越来越依赖于其中的知识含量的增长。知识在现代社会价值的创造中其功效已远远高于人、财、物这些传统的生产要素,成为所有创造价值要素中最基本的要素。而知识的直接来源就是书本。

为弘扬中华民族的优秀文化和道德,引导广大师生多读书,读好书,培养良好的读书习惯,形成读书热潮,促进优良学风校风养成,推进学习型校园、文明校园、和谐校园建设,因此学校举办这次文化交流会暨图书展示展销会。

五彩校园文化艺术活动丛书

项目意义
为了调动学生积极性,特向全校师生进行一次形式活泼、内容丰富的文化图书宣传活动,使大家进一步了解我校专业特色,促进我校与其它兄弟院校之间的交流,充分展现学校特有的风采和朝气蓬勃的精神面貌,丰富校园文化生活,力求营造一个和谐的校园文化氛围。

项目分析
优势:市场优势,时间优势,专业优势。

劣势:缺乏经验,规模较小。

机会:吸引力强,支持力大。

威胁:天气风险,安全风险,市场风险。

主题
知识改变命运,阅读丰富人生

举办时间
10月20日至10月27日

举办地点
图书馆广场,饮食文化广场

举办单位
学生会

主体活动内容
10月20日上午9:00开幕式。

10月20至10月27日饮食文化广场图书展示展销。联系市图书展、图书馆、图书城、书店,在校内做图书的优惠展销活动。

10月20至10月27日"节约环保,传递爱心"图书赠送活动。

10月20至10月27日晚"读书品味,品味读书"演讲预选赛、决赛。

10月21日晚读书讲座。

10月21至10月25日学校绘画书法比赛作品展。

10月28日图书文化节颁奖晚会。

领导机构及分工

成立活动领导小组，负责项目的统筹、组织、协调等工作。

设立活动协调小组。

招商、招展和宣传工作安排

9月20日至10月10日，主要针对图书市场的图书商家进行招展，同时在相关周边做第一轮传单宣传，为展会预热。

9月25日至10月9日，以招展宣传为主，重点拜访赞助商，游说其赞助项目。

10月9日至10月12日，通过散发传单、悬挂横幅、张贴海报等方式在学校全面展开招商宣传，同时再次确认参展学校和赞助商，并落实展会布置的相关的物品。

10月19日，布展和搭建开幕式舞台。

10月20至10月27日，接待参展学校和赞助商及合作者，确保开幕式的顺利举行，同时做好展会的服务工作。

10月27日下午，撤展。

附

1、展销会可行性报告

2、展销会招展方案

3、展销会宣传方案

4、赞助策划方案

5、开幕式策划方案

6、展会服务方案

7、展会应急预案

校园多彩文化展览会的方案

晚会目的

丰富校园文化,激励学生热爱文化艺术,拓展学生综合素质全面构建和谐校园,充分展示我校校园文化的亮点和特色,打造校园文化活动品牌,建设文明、高雅、和谐的校园文化,为广大青年学生成长

成才服务，为学校迎评营造良好校园氛围。

晚会意义

发扬学生"热情、耐心、负责、团结"的精神，为大力推进我校大学生素质教育，全面提高学生综合素质，充分展示学生特长，营造良好校园文化氛围，促进学生健康成长，发挥校社联在"丰富第二课堂、服务学生成才"的宗旨。

晚会要求

1、精心组织

各协会要根据具体活动要求精心组织成员参加；对晚会作品给与指导、支持；各协会推荐节目总数不得少于一个，多于五个。在活动期间，不能因为活动影响到正常的教学工作。

2、注重宣传

各部门认真做好晚会的宣传动员工作，鼓励有相关爱好、特长的同学参加演出节目。利用各种渠道对本次晚会进行宣传、组织、报道，扩大活动的影响，提高活动的参与率。

3、高度重视

各协会会长要提高认识，高度重视，加强领导。各工作人员要团结合作，齐心协力办好这次展览会。

晚会主办方

校社团

邀请嘉宾

待定

晚会参加对象

全校师生及职工

晚会时间

待定

晚会地点

待定

主要流程

18：50观众入场完毕、会场一切准备工作就绪——19：00开场——主持人宣布晚会开幕——领导致辞——节目——游戏（赞助商、同学参与）——节目——主持人宣布晚会闭幕——观众退场——嘉宾、工作人员及演员留影——工作人员留下清理现场。

大赛前期预备

1、选送组

委任节目组组长，由他们负责动员，收集节目，要求节目新颖多样，适当鼓励多选送一些其它的艺术样式，比如：小品、情景剧、舞蹈等。并对节目做适当的完善，根据各协会情况确定节目选送的数量，规定在5月某时上交节目单。

2、策划组

（1）主办部门工作人员与5月某时确定节目单，并要求其提出大量可行的修改意见，在保证文娱搭配的基础上，有相当的可看性。

（2）确定主持人选，给主持人一份备选节目单，为主持人设计形象及台词。

（3）准备好晚会所需的一切服装道具。

（4）联系会场，检查会场的布置及设施是否满足舞台要求。

（5）安排几个观众带动现场气氛，准备好道具，指派其它成员维持现场秩序。

3、宣传与摄影组

（1）宣传部：利用海报包括手绘和喷绘海报、横幅、网络、传单、宣传板等方式开展宣传，截止到5月××日；

（2）传媒部：现场摄影及ＤＶ摄像，相机拍摄。

4、礼仪组

（1）活动部：准备好晚会当日会场服务物品。

（2）外联部：接待好嘉宾，引领其到嘉宾区就坐。

5、舞台组

（1）确保晚会期间舞台摆设灯光设备、音箱设备的安装、舞台的布置。

（2）化妆室、更衣间的选制。

6、应急预案

（1）停电应急方案

①若晚会前停电，晚会最多推迟半个小时即20：30举行，此间观众自由处理自己的时间；如果20：30仍没有正常供电，则由主持人宣布晚会改天举办。

②在晚会前半部分之间停电超过10分钟后由主持人宣布晚会改天重新举行；在晚会后半部分之间停电超过10分钟后由主持人宣布晚会闭幕。

③在停电期间，由节目组负责演员的组织与服装道具的看管工作；由礼仪组负责领导及来宾的服务工作；由外联组负责现场秩序的维持；由舞台组负责舞台、音箱设备、灯光设备等的看管。

④在主持人宣布晚会改天举办或闭幕后，按"会后工作分工细则"清理会场。

（2）节目应急方案

①上一个节目演出时，其后的两个节目在后台准备，前一节目由于各种原因无法按时出演时，下一个节目即时跟进。

②任一节目在演出过程中发生失误或无法顺利进行的情况时，由节目的领演人迅速组织演员重演此节目；若重演仍出现问题，则该节目立即退场，视具体情况决定其再次重演或取消。

（3）下雨应急方案

①若晚会前下大雨，晚会最多推迟半个小时即20：30举行，此间观众自由处理自己的时间；如果20：30雨仍没有未停或转小，则由主持人宣布晚会改天举办。

②在晚会前半部分之间下大雨超过10分钟后由主持人宣布晚会改天重新举行；在晚会后半部分之间下大雨超过10分钟后由主持人宣布晚会闭幕。

③在下雨期间，由节目组负责演员的组织与服装道具的看管工作；由礼仪组负责领导及来宾的服务工作；由外联组负责现场秩序的维持；由舞台组负责舞台、音箱设备、灯光设备等的看管。

④在主持人宣布晚会改天举办或闭幕后，按"会后工作分工细则"清理会场。

⑤晚会当晚下微雨，则晚会按原计划照常进行。

（4）火灾应急方案

①表演场地两边需各放置几桶清水和灭火器，用于防范失火等紧急情况。

②表演期间发生失火，所有工作人员就位。由礼仪组疏通嘉宾离场；由外联组负责疏散观众人员有秩序离场；由节目组和各节目顾问负责疏通节目表演人员和主持人离场；由舞台组负责舞台、音箱设备、灯光设备等搬离原，宣传部负责第一时间联系保安处和消防局，并对火灾进行初步抑制，等待相关人员前来灭火。

③所有工作人员首先注意自己的人身安全，在疏散人员同时保护好自身安全。

（5）其他紧急情况发生时，由顾问负责处理。

晚会预算

序号	种类	物品	数目	单位	单价	小计	备注
1	宣传用品	横幅		幅	×元	×元	横幅规格 10×0.75
2	宣传用品	海报		张	×元	×元	15张
		宣传单		份	×元	×元	2000份
3	晚会用品	背景		张	×元	×元	幕布规格 10×5
4	晚会用品	舞台		场	×元	×元	舞台规格 8×5
5	奖品					×元	奖券100张
6	晚会用品	服装		件		×元	根据节目需要
7	杂费					×元	

总计经费：还未预算

晚会活动项目

1、"情系玉树"的演讲

（1）主持人介绍到场嘉宾、演讲者；

（2）宣布会场纪律；

（3）开始演讲；

（4）演讲稿内容要真切，能够表达对玉树的关心；

（5）请勿发表个人意见；

（6）不能单独推崇你的上级部门；

（7）演讲的同时，播放玉树地震的相关视频。如救援官兵的工作与生活，玉树受难群众被困的情景等；

（8）演讲完后，感谢演讲嘉宾。

2、互动活动

第一个"眉目传情"，有如下流程：

（1）主持人事先准备好一套说辞和相应的动作。如惊弓之鸟、厨师的动作和说辞。

（2）主持人到观众席中请3名男同学和3名女同学上台，交叉排列成一行。

（3）主持人将1号学员叫到一边，将内容和动作教给他。

（4）当1号学员熟悉后，回到位置上，只是将动作做给2号，不能说明。

（5）2号学员领悟后，再继续表演给3号，不能说明自己领悟到的，依此类推，直至传到最后一名。

（6）请最后一名学员说出他理解的意思，然后依次往前直到1号学员。

（7）看一下最后一个人能演成什么样。

第二个"吹蜡烛"，有如下规则：

（1）主持人先做好说辞，再请3名观众上台来完成这个游戏。

（2）准备10根蜡烛，在桌子上点燃，在地上画一根线，与桌子的距离大约20厘米。

（3）让第一名观众站在线外面，以最快的时间吹灭桌子上所有的蜡烛。第二名观众照样做。

（4）比较3名观众所用的时间，所用时间最少的一名为胜。胜者得奖卷一张。

第三个"脑筋急转弯"，有如下规则：

（1）收集10个脑筋急转弯的题目。难度不要太高。

（2）主持人说题，台下观众

抢答，也可以把观众叫上台来。

（3）一个人只有一次机会，答对一题就有一个小礼品。

第四个"踩气球"，有如下规则：

（1）主持人说明游戏规则，再请6名观众上台，分两组，每组三人。

（2）6名观众每只脚上绑3个气球，让两队人互相踩气球。

（3）看到一定时间后哪个脚上剩的气球多者胜。胜者得奖券一张。

3、观赏性节目

（1）"现场真人配音"，有如下流程：收集一些经典的电影视频，根据画面改写对白。可以是动画、电视、电影的精彩片段。

演员的声音要生动，配音要逼真。

配音时还要加上动作表演。

演员为3至6人。

（2）"漫画真人show，创意摄影"，有如下流程：收集或者自己拍摄关于校园发展的事迹资料。

把这些作品以组照片的形式粘成灯笼或连成网状；摄影资料就用投影仪放映出来让大家欣赏或者用漫画的形式放映，外加一些简介，让作品更好地展现，既保留了相片的原貌，又有特色。

主持人通过展览的资料为学院发展前途做总结，鼓励同学们发扬文化精神。

（3）"英汉书法"展览，有如下流程：请书画协会会长与英语协会会长一同上台表演为本次晚会献艺。字画内容必须与本次晚会主题相结合。

同时可以用投影仪放映关于书画方面的优秀作品，放映时间不能太短，所以要收集丰富的作品片段，加一些简单介绍。

展示两位嘉宾的作品，同时放映作品结束。

（4）主持人对作品进行评价，掌声送给他们。感谢两位的表演。

4、"娱乐性节目"表演

此小节，需学校各系部、各部门的配合。如艺术团、舞蹈协会、英语协会等成员积极参与。与协会协商希望活动中有大量歌舞包括英语歌曲等，各种高雅的艺术表现形式；同时也希望有各种令人开怀的小品。

需5首歌曲、3个舞蹈、2个小品。根据晚会时间可变动。

5、闭幕式

1、请社联主席团和各协会会长上台；

2、各会长发言：关于协会的发展目标，发扬校园文化；

3、主席致辞：本次晚会圆满结束，感谢同学们参加；

4、会长放彩带，以表喜庆；

5、观众离席，嘉宾、工作人员及演员合影。

附录一：晚会会前、会中及会后工作细则一览表

次序 工作内容 时间控制 负责人及负责部门

1、场地申请

2、借用所需工具工作

3、会场服务器具

4、搬运学生会器材

5、搬运桌椅及电脑

6、舞台搭建及灯光安装调试工作

7、音箱设备调试工作

8、准备好晚会所需伴奏带

9、化妆室换衣间搭建工作

10、服装道具准备工作

11、活动赞助策划书及赞助商的服务工作

12、赞助商接待交流工作

13、换衣间服务人员到位

14、维持秩序工作人员到位

15、舞台道具服务人员到位

16、照相及DV工作人员到位

17、电线及器材看管人员到位

18、礼仪到岗

19、发放节目单

20、预演节目准备工作

21、进出口控制工作

22、外场小活动秩序维持工作

23、主持人、演员到位

注：各工作组在尚未开展自己的工作或完成自己的工作时，请自觉参加其它工作组的工作以加快整体工作进程。

附录二：相关负责人及组员的联系方式

略。

附录三：节目单

"校园文化展览会"主题晚会节目单					
节目名称	节目类型	班级	演员代表	联系方式	节目负责人及联系方式

"和谐校园"校园图书展

活动背景

为响应世界读书日的号召与意义,为广大学子创造一个读书的环境和氛围。学生会决定于×月×日,举办"激扬文字,和谐校园"书展活动,在世界读书日,营造出全校的读书氛围。

这次书展旨在引导广泛大学生多读书、读好书,形成爱读书热潮,接受中外文化的熏陶,陶冶性情丰富人文精神,培养文化人格,提高素养同时促进校风、学风及文明校园的建设。

活动目的

以"激扬文字，和谐校园"为主题，为广大学生提供一个与优秀书籍接触的机会，为整个学校营造一种读书的气氛，同时提供大家的读书参考。

活动主题

本次活动的主题"激扬文字，和谐校园"，是借鉴《恰同学少年》中长沙一师的题材，该题材展现了二十世纪以毛泽东、蔡和森、向警予、杨开慧、陶斯咏等为代表的一批优秀青年风华正茂的学习生活和他们之间积极奋进的故事，深刻揭示了"学生应该怎样读书"这个与当今社会紧密相连的现实主题。

活动名称

××学校图书展

主办单位

学生会学习部

活动对象

全体学生

奖项安排

略。

活动准备

1、与宣传部取得联系借到图书展宣传海报N份，桌椅N套。必要的话横幅N条。

2、与生活部取得联系借够数量的桌椅，作为展台。

3、若用得上电器设施则主动向食堂负责人礼貌借用。

4、尽量与校园广播取得联系，希望能给予本次图书展的支持。

5、如果必要准备签字笔和传单。

5、所有学习部成员开会讨论人员安排，开动员会，整军心。

6、制作好表格和书签来做好书籍的存放。

7、图书分类：新好书推荐、文艺类、文学类、政治类、小说类（参考图书馆分类）、绘画、书法等。

8、图书要求：略。

活动流程

1、与生活部宣传部取得联系，备好桌椅和遮阳棚及其宣传海报，数量N个，必要时借用横幅。

2、本部与生活部取得联系借来桌椅和遮阳棚，在展出开始之前N天开始在一食堂门前宣传图书展的举办并通过摆摊、发传单的形式让同学们了解图书展，扩大影响力，同时收书。

3、一食堂门前的桌位开始面向同学们收取自己推荐的图书，有必要的话在收取时我们自己先拿出一些书摆放在桌子上，作为"收取的图书"样品，同时会迎来"观众"，可以让我们积累经验，也可以促动同学们的积极性。宣传方面在教一和教二入口展出图书展宣传海报。

4、桌位开始收取的同时礼貌召集新生各班班长或团支书在特点时间四栋开会，通知本次图书展需要做的工作即通过他们的力量来号召同学们踊跃参与活动。也可以直接礼貌交予任务，硬性规定，规定每班推荐出N本书籍并附上介绍，但是要有质量，并向班干部讲述本次活动的重大意义，首先调动班干部的积极性。我们在宣传的时候的话语不能有"我们是在求学生"一样，要认真讲解，让他们有一种"参与光荣"的感觉。否则图书收取的效果可能不好。图书的收集第二波开始。

5、当书籍数量达到一定的程度之后一食堂门前的宣传棚包括宣传海报撤销。达到的程度指的是我部在精选之后认为已足够展出的数量。宣传棚撤销之后要礼貌归还并准备下此借用。

6、将收集到的书籍搬运到四栋，确定已安放完好、完毕即可离开。

7、我部成员将书籍按照上述要求严格分类，标签贴好，并记录书籍主人信息，最后做成表格的形式方便记录书籍的动向或以防万一。

8、联系生活部商量展出那天的桌椅和遮阳棚的情况。联系宣传部的海报情况。若双方都准备好之后我部将收取海报放在四栋，当天自己去拿。展台桌椅等在当天联系生活部帮忙。

9、本部内部分配好人员活动情况，确定每个人都无异议。每个人的图书展当天工作职责明确，负有明确重要的职责。

10、人员物品、宣传、天气若无问题则在相应时间内开始出展。

11、展出当天。学习部联系好生活部成员去搬运桌椅与棚并摆放妥当。去把四栋领得宣传海报摆放归位，必要的话把横幅拉开有条件应用电器设施。负责书籍管理的成员带人去搬运展出书籍并严格分类摆放，处理好介绍条。做到摆放工整、井井有条，彰显气质与态度。

12、中午一直到下午均为展出时间,期间相应工作的人员值班。首先是保证图书的安全,其次为展出的解说态度。

13、下午在指定时间收场。首先由图书管理人员搬运图书到指定存放地点,并做好安全措施。接着本部配合生活部搬运桌椅等。其它人员负责好场地的清洁状况。若有用到公共设施则礼貌归还。

人员安排和注意事项

1、本部成员需全部参加。

2、首先在图书的收取过程中一定要记住书籍主人的联系方式,用表格做记录,至少2个:电话及在校住址。以便归还或意外事件的发生。

3、成员在书籍的收取、归还、与其它部门及公共部门合作时一定的注意礼节。

4、在搬运书籍及展出设施时一定要积极,不得由于是累活而推迟,在于各个成员的素质,也和动员会的效果有关。

5、介绍组成员需要准备面向班干部、同学们的对本次图书展的解说,记住要表现我们的积极性,同时要想办法首先调到他们的积极性然后再有同学们的积极性。

6、在书籍的收取的过程中本部成员需要自己额外准备N本书籍等,第一是在一食堂的收取工作中摆放,二是以防图书收取的欠缺。

7、若有观众提出是否能借书的意愿的情况,禁止直接借给观众本书,应该礼貌谢绝并给其书籍的主人联系方式。

8、书籍管理组应该做好书籍的登记工作或作出一个表格,将书编号及相应主人的联系方式。书籍管理组在书展的开始与介绍前都必须对书籍进行认真清点能工作以防万一。另外也要做好保护工作。

学生会学习部部委
××

"环境保护宣传教育"展览

活动背景

为了弘扬当代大学生的环保教育意识,体现当代大学生应有的朝气和爱护环静的能力,丰富当代大学生的课余生活,提高大学生的环保理念,明确大学生的学习目的,正确树立自己的人生价值观。为大学生活增添更多的色彩,为此我协会将在昭通学院开展一次"环保宣传教育"校园展览活动。

活动名称

"环境保护宣传教育"校园展览活动

活动宗旨

丰富校园文化生活，加强大学生环保教育，提高大学生的环保理念。

活动时间

06月23日至06月24日

活动地点

学院本部文史楼与行政楼之间

主办单位

省环境保护宣教中心

活动人员

学院全体同学、学院环保协会全体社员

展览流程

1、宣传及准备工作

（1）展览前一天在校园和社联主席联系好展览地点，做宣传（在展览地点前悬挂条幅和宣传海报）。

（2）展览地和工作人员的确定。

（3）展览项目的整理。

（4）展览项目的讲解人员及会场秩序人员的确定。

2、项目展览准备

（1）展览场地的布置。

（2）展览海报、展板的布置摆设。

（3）展览所需的物品准备。

（4）安排看护与值班人员。

3、展览中

上午8点前将展板摆放好，并安置妥当，并有专人进行看管防止展览项目在参观中造成不必要的损失。

4、展览后

在展览结束后，有专门的人员来打扫和整理会场卫生，同时将展板归还。

5、展览结束

对展览地进行彻底清扫对活动中所出现的问题进行总结，为今后的活动的开展做铺垫。

注意事项

1、各项事物必须分工明确，有条有序的完成。

2、注意细节、确保活动顺利进行。

3、安保工作人员必须高度重视晚会安全、无意外事故发生。

经费预算

略

活动安全预案

见附表一

××学院环保协会
6月19日

附表一 活动安全预案

1、防范措施

（1）编制专项应急预案，方可开展活动。

（2）活动前，到活动场所进行实地察看，是否存在安全隐患，存在问题要及时解决。

（3）活动前向参加学生及工作人员进行安全方面的教育，特别是对于容易造成安全事故的因素，重点反复讲解、分析，增强自我保护能力和意识。

（4）活动过程中强调注意的事项，强调安全第一的重要性和必要性。

（5）加强对带队人的责任意识教育，要求加强管理。

2、应急预案

（1）活动过程中一旦出现伤害事故，及时对伤员进行抢救，以最快的速度将其受伤者送往就近的医院进行救治，并通知学校。

（2）活动组织者和安全管理人员要维护现场秩序，尽力避免继发性灾害。

（3）根据生命安全第一的原则，要进行抢救及处理，同时报有关领导。

（4）调查事故原因，上报有关材料。

校园主题艺术展览会

本次活动以展览为主体,并通过各种互动小游戏向大家直观、详尽的展示手工梅花艺术。旨在丰富学生的校园文化生活,提高学生艺术内涵,宣扬人与自然的美好和谐;同时增进大家对花艺的了解,并初步掌握一些做花技能。

活动名称:校园梅花艺术展览会

活动主题:梅花展览

活动时间：11月24至11月25日

活动地点：餐厅门口

活动开展形式

1、有关手工花卉艺术及其它形式作品的展览。

2、一些针对展览的互动小游戏。

活动内容

1、梅花艺术展览会的开幕仪式。

2、面向广大师生以梅花为主题的花卉艺术作品展览。

3、在展览期间会穿插一些有关花艺的互动小游戏，如花卉知识交流，手工做花体验等。

4、展览结束时会有一次猜花语送花活动。

活动开展过程

1、开展准备阶段

（1）组织会员制作梅花。

（2）以海报、条幅、宣传板等形式进行宣传造势。

2、活动举办阶段

（1）安排场地，布置摆放花和其它装饰物品。

（2）进行剪彩仪式，并由会长致词，花展活动开始。

（3）由组织部××维持现场秩序，并安排人员值班、拍照。

（4）11月24日下午，由技术部高强现场教授梅花，期间开展写祝福语送祝福的活动。

（5）11月25日中午，开展猜花语送梅花的活动。

3、活动后续阶段

（1）清扫场地，归还借用物品。

（2）及时总结，找出成功与不足之处，并且对后期工作进行相应的安排与通知。

活动经费预算

见附表

活动安全

由于餐厅门口人流量较大，花展期间应安排人员严格控制人流，负责安全问题。

申请人（负责人）：××

联系方式：××

××年11月17日

附表一

活动安排表

序号	时间	内容	负责人
1	11月24日上午	理事布置场地	××
2	11月24日下午	剪彩，花展开始	××
3	11月25日下午	清理场地，活动结束	××

附表二

宣传方法

项目宣传手段	每期制作数量	期数	总数	宣传地点
宣传板	2	1	2	学校走道
条幅	1	1	1	学校走道

附表三

活动经费预算样表

物品 \ 数量	数量	单价（元）	合计（元）
气球	一袋	10	10
一次性杯	3袋	3	9
花藤	2条	12	24
花盆	39个	5	195
总计			238

附表四

学生活动申请表

申请部门	花艺协会		隶属单位		
活动负责人	姓名 ××	联系电话 ××	活动指导	姓名 ××	联系电话 ××
活动时间	11月24至11月25日		活动地点	餐厅门口	
赞助单位			赞助方式		
活动形式	梅花展览		参与人数	花艺协会全体成员	
活动名称	校园梅花艺术展览会				
活动内容及流程	1、梅花艺术展览会的开幕仪式。 2、面向广大师生以梅花为主题的花卉艺术作品展览。 3、在展览期间会穿插一些有关花艺的互动小游戏，如花卉知识交流，手工做花体验等。 4、展览结束时会有一次抽奖送花活动。				
隶属单位意见					
校团委意见					

校园文化展活动策划方案

为进一步丰富我校校园文化生活，营造积极向上、健康文明的校园文化氛围，展现我校学生的青春风采和精神面貌，培养学生健康的审美情趣，从而推进校园精神文化建设。

活动目的

丰富校园文化，通过校园文化展让同学们进一步了解我校的文化面貌和精神，充分展示我校校园文化的亮点和特色，为学校迎新生营造良好校园氛围。

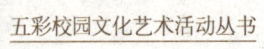

活动主题

校园文化展魅力——和谐校园树新风

活动时间：9月中旬

活动地点：英语角

参与对象：全体学生

组织机构：校学生会

活动流程

1、海报展

前期准备：（1）活动开展前几周在西区会议室召开宣传部内部例会，下发"校园文化展"活动方案；在活动开展前一天在学生会办公室召开动员大会。

（2）收集各院宣传部上学期2至3张活动海报及照片，各院派2名讲解员。

（3）做好英语角场地的安排布置，划好每个小活动区域。

活动内容：（1）把上学期校学生会宣传部所有优秀海报及展板在划分好的区域展出。

（2）将各院宣传部上交的本院活动海报及活动中拍的照片（海报及照片必须是本院活动中的）以院系为单位，在划好的区域进行展出，并派2名讲解员分上、下午在本院区域负责讲解。

注：各院展出来的海报及照片、负责讲解的人员将接受大众投票。每人只可投一次票，一次最多投两票。最终获奖结果参照投票结果，进行评选。

奖项设置：一等奖1名，二等奖2名，最佳海报奖5名，最佳照片奖6名，最佳讲解员奖5名。

2、有奖问答

目的：通过有奖问答，激发同学们参与活动的热情，让新生们进一步了解我校。

内容：（1）活动前事先收集关于我校及学习方面的题目，将问题写在卡片上，卡片背面标上序号，并按照序号把正确答案整理在一张纸上，便于工作人员核对答案。

（2）学生排队参与，若回答正确可领取奖品一份，若错误则由工作人员为其讲解正确答案。

（3）由外联部协助拉赞助奖品。

3、语音播报

目的：通过广播的形式让同学及新生更好的了解我校的发展及总结上学期我校及学生会主要活动及发展。

内容：活动前收集相关方面信息，并由各院宣传部上交相关稿件，各院也可派广播员负责朗读。

注意事项

1、若活动当天遇到特殊天气，工作人员随时听从安排。

2、考虑到此次活动可能和部分学院干部一起承办，参与此次工作者必须带工作牌。

3、活动期间成立机动小组以备不时之需。

学生会宣传部

6月15日

NO5. 学校组织参观类活动的指导

组织参观展览的重要性

　　组织师生外出参观展览是学校开展教研活动的重要形式之一。它是一种行进中的教研活动方式,是深化课程改革,促推教育教学发展的助动力,是教师体验幸福、快乐工作的实践行动。

教师外出参观展览
1、教师进行参观展览的重要性
　　教师是教师队伍中最具色彩、最为活跃的一部分,是务实学校

艺术教育工作、打造学校艺术特色、推动素质教育健康发展的重要力量，是提高社会公民素质的重要保障。

作为教学的践行者和培养学生艺术才能的引路人，教师素质的高低在一定程度上影响着他们所教班级学生艺术素养的生成，这就要求每一位教师要提高自己的角色意识，端正自己的工作态度，树立终身学习的观念，与时俱进，着力提升自己的业务水平，努力拓宽自己的艺术视野。

而外出参观展览正是教师呼吸艺术、拓展视野、增长见识、提升专业素养不可或缺的教研活动形式，也是新时期解放思想、开放办学的具体体现。随着社会经济的飞速发展，外出参观展览已经成为新时期教师开展教研活动的重要形式之一。

长期以来，由于有些教育决策者的短视形为和社会积久的错误意识，教育教学的社会功能、育人功能被人为地矮化，久而久之，学校教育便形成了一种固步自封、因循守旧的简单化教学。知识来源于生活，服务于生活，关起门来搞教学教研怎么会有出路？当教师缺乏交流与沟通，当教学没有催化和刺激，教师及其所从事的教育教学工作还有什么活力和激情可谈？

随着素质教育观念的深入人心，尤其是新课程改革以来，教育所具有的独特的育人功能逐渐凸显。学校呼唤艺术教育的本应回归，教育需要具有现代教学思想和开放意识，善于创造性学习且真正懂得教育教学规律的工作者去驾驭。

我们知道，艺术展览往往提供的是最前卫的资讯，或展示着具有一定艺术价值的可观视讯，作为传播和接受作品的重要手段，它既是艺术作品走向社会的关键，也真实地记录这发展的时代历程，它是当今人类社会最常见的艺术Party。参观展览是教师进行艺术分享、观点碰撞、经验传递的最直接或最直观的教学行动研究。教师应珍惜好这样的学习机遇，积极参与，认真对待，以求唤醒沉睡的灵感，充实完善自我。

由此可见，教师外出参观展览无论对于教师自身的发展，还是对于教学教研活动的开展，其重要性和必要性是毋庸置疑的。

2、教师外出参观展览的地点范围

教师外出参观展览，可以选择本地市内的博物馆、文博会去参观学习，这是最为便捷、最为经济的地点选择，也是充分利用本地教育资源开展教研活动的最佳体现。其次，也可适当参加省内及国内的展览，这就是常说的"走出去"。

"走出去"所传达的信息是多方面的，它能够让教师接触到更为丰富、更加前沿的新知，能够使教师更准确地把握艺术的美学和方向，同时，不同地域、不同民族所展示出的艺术风格、流派也不尽相同。而教师走出国门，参加国外的展览，则是一种更具广度的教研活动，由于国内外教育的差异，能够外出参观国外的一些展览，无形中为我们打开了一扇扇认识世界、探索世界艺术奥妙的窗口，搭建起一座座中外教育教学交流的平台。当今世界，不同文化、不同艺术风格的交流通融、相互促进，已经成为一种不可阻挡的潮流。

3、教师外出参观展览的组织形式

教师外出参观展览要做到参观计划周详，参观内容贴切，互动层面明确，人员安排合理，交流学习有得。

教师外出参观学习的人员组织大致分为教学一线的骨干教师、担当教学研究引领教育教学工作的教研员、学科带头人等。

选派一线骨干教师外出参观展览，可以直接地学习外地教育教学及创作的成果，领略新课程改革下各地教育领域出现的新气象、新特色，取长补短，吸收养分。就个人而言，外出学习开阔了教师的视野，更广泛地接触到教师自身所关注的相关信息，更快地增长艺术相关知识，理解前沿理论，借鉴他人的实践经验，为自己的专业发展提供助力，从而直接惠及我们的教育教学，有利于学生的成长成材。

由此可见，学校要积极为教师的发展创设各种外出交流的平台，并在制度上保证教师发展的主动性、开放性和深刻性，让教师在积极有效的教育教学过程中感受到幸福。

其次，外出参观展览也是促进教研员及学科带头人专业化成长的有效途径。教研员及学科带头人是教师成长的榜样，是教师管理和教师业务进修的纽带。特殊的角色，使得他们的外出参观承担更多的任务，即新知识、新信息、新理念的学习与传递。外出参观学习为他们能够更好地履行"研究、指导、服务"三大工作职能，及时把握最新的艺术教育脉动，发挥专业引领作用，创造性的开展工作提供了新的支持。

五彩校园文化艺术活动丛书

组织学生外出参观展览

1、学生进行外出参观展览的意义

教师组织学生外出参观展览是学生进行学习的一种有效的艺术实践活动，也是新时期教学多样化的体现。带领学生走出校园，走进馆、展览厅，在特定的环境让学生自主地进行欣赏、观摩、领悟，对于学生审美意识、鉴赏水平、创造能力的提高也是大有裨益的。其意义主要表现在几个方面。

（1）激发兴趣。组织学生外出参观展览，改变了传统教学枯燥单一的教学模式，激发了学生的学习兴趣。

传统的教学模式主要是在教室里完成，譬如欣赏课，学生面对的是冷冰冰的教材图片，而新课程背景下，课堂不应局限于教材书本和固定的教室，应该走向学习多元化和多种资源科学利用，展览即是艺术作品直观的呈现，无论是作品的色彩还是作品表现的材质，都是近可触及的，加上展览厅特别的布置，以及艺术作品的导语说明、讲解员的专业讲解，浓郁的艺术氛围必会感染学生。以美育己，快乐成长，这正是我们所欣赏的艺术熏陶和大力倡导的情境教学。

（2）教学结合。组织学生外出参观展览，真正体现了以学生为主体的课改理念和教学思想，使教学回归到以学生发展为本的轨道上来。

外出参观展览是课堂教学的延伸和补充，学生可以在一个新环境里从新的角度认识自己、了解自己。学生走进展览厅，开阔了眼界，使得学习不再是被动的听取和接受，而是主动的与艺术作品"对话"，这种近距离的鉴赏与评析，必会让学生领略到艺术作品的深层魅力，产生深刻的艺术感想，造就不同寻常的艺术实践经验，它有利于激发学生主动探究的学习欲望，开拓学生多元灵活的艺术思维，丰富和完善学生对艺术的理解，使学生充分表现自我，体现自身价值的愿望和勇气得以实现，对他们今后的人生道路有着深远的影响。

（3）师生互动。组织学生外出参观展览，建立了新型的师生关系，有利于教育教学的健康发展。

在外出参观的过程中，师生关系也悄然发生着变化，此时，教师更多地是扮演着领路人的角色，在欣赏学习的过程中，教师与学生更像是朋友，体现着相互尊重、相互理解、平等民主的和谐的师生人际关系，这对于学生的情感培养，对于学生健全人格的形成，对于教学目标的实现都是有益的。

2、教师组织学生外出参观展览的地点范围

教师组织学生外出参观展览，可根据不同年龄段学生的成长需求，或根据教学的需要选择外出参观的地点范围，在目标明确、安全有序、管理规范的前提下，既可以选择市内的博物馆，也可组织学生到一些院校去参观展览，或以艺术夏令营、小分队等形式组织学生到省内、国内或国外参观学习，参观归来，应让学生学会及时总结，使其它的学生也能分享到外出的收获体会，只有这样，才能够放大外出参观的学习成果，起到以点带面的作用，进而形成艺术星火燎原之势，促进教育教学的发展。

外出参观展览，拓宽了学生学习的外延，丰富了教师教研活动的内涵，随着时代的发展，人类的进步，社会人文环境和自然环境的改善，外出参观展览也必然体现出它在教育教学中独特的价值和积极意义。

学校参观类活动的安全

基本指导思想

以《学校安全工作条例》为指针,认真落实各项安全措施,教育学生遵守各种安全法律法规,培养引导学生具备一定的自护能力,让活动既突出意义,又安全愉快。

外出活动要求

1、出校前工作

主要组织者应预先有校外安全计划、报校长室审批。

安全计划书应包括:活动内容,主要组织者和联系电话并告知学生,对学生的安全具体要求,包括行走线路、交通工具。各组应设一名安全督导员,负责本组安全工作。

发一份告知家长书,注明活动内容、时间、地点等。

2、校外活动时

各组教师或家长不能远离学生、学生尽可能集体活动。

学生随带物品要轻便、不要骑自行车、以步行为主、路远乘公交车。

3、活动结束时

各组指导教师要进行活动小结，指出优点和不足。组长要上交一份校外活动情况简要小结，特别是安全方面。

4、学生安全须知

出发前每组要制定安全规定、组长要向成员重读规定、并大家签名。告知家长校外活动的内容、地点、时间、活动线路及带组教师或家长联系电话。活动过程中要听从组长指挥、集体活动不离队。

一般以步行为主、路远乘公共汽车。要遵守交通规划、行走靠右、走人行道、横跨马路走斑马线、公路上不要追逐打闹。本组同学每人备用家庭电话和家长手机号，便于紧急联系，最好每组备用一只手机，以便联系。每组须请一位教师或家长参加，主要负责安全工作及指导工作。校外活动应穿校服、戴校徽。

校外活动要选择好一条安全线路，活动中要互相帮助、互相监督、确定一名安全员。不要随便与无关的陌生人交往。目的要明确，活动中不能进娱乐场所游玩，活动结束要及时回校或回家。随身携带物品要轻便，贵重物品如照相机等自己要保管好。

紧急处理预案

1、处理交通事故应急预案

如遇发生事故，记住肇事车的车型、车牌、颜色，组织活动第一责任人拨打110报警电话，并及时向学校报告出事地点及详细情况。同时组织安全人员实施自救。

自救措施：如学生有受伤尽快由随车安全员或班主任送往离出事点最近的医院进行抢救。将车上其它学生带离出事点，安全员立刻将学生转移到安全地带。在高速路上无论是车祸或车辆故障一律由安全员马上把学生带离车辆，以免发生不测。如遇车辆自燃、翻车、撞车等情况随车安全员立刻组织学生有序迅速撤离至安全地带。如撤离时车门无法畅通，安全员应立刻设法砸破车窗以便逃生。大中型校车必须配备手提灭火器和铁锤、且放置车辆固定位置，安全员必须知道灭火器的操作使用及铁锤的位置。

学校立即组织力量以最快的速度赶到事发现场。

随行安全第一责任人指挥人员保护现场。

随行安全第一责任人查明事故原因和损害情况以书面材料上报领导。

2、处理饮食卫生应急预案

各组建立严格信息报告制度，若发生类似食物中毒症状，要求随队安全员或班主任立即上报安全第一责任人，并报告随队医生。

出现食物中毒症状时，随队老师作应急处理，首先让医生诊断，根据医生确定是否送医院紧急治疗或临时治疗，如需送医院治疗则由班主任护送前往。

立即组织其它班级安全员对所有学生进行调查，以免造成多人发生中毒事故。

组织人员查明中毒原因，并对每项食物留样检查。

事发及时向学校领导汇报详细情况，后以书面材料上报学校。

3、处理意外和疾病应急预案

如遇绑架抢劫事件、安全责任人首先要镇静，要机智应付，巧妙周旋，尽可以赢得时间，报告学校，学校有关领导要迅速查明情况，并根据需要拨打110报警。

发生突发事件随队安全员应始终站在学生身前以避免学生受到任何人身攻击或其它伤害。

如遇溺水事件，立即组织有水性老师进行现场抢救直至抢救成功为止，抢救后及时送医院治疗观察。抢救同时第一时间上报学校并根据现场水域情况拨打110报警。

学生出现摔伤、扭伤、撞伤或疾病,安全员应立即报告随行医生进行治疗,如伤情较重应马上由安全员送医院治疗,并及时上报病由、病情。

学生出现危险旧病复发或出现心脏病突发,随队医生边做紧急处理同时组织几名安全员随同医生护送前往就近医院抢救治疗。

有关责任人

1、领导小组成员

所有参加活动的人员必须经过培训,明确任务、职责、精力充沛、自始至终参与活动的全过程。

组成员自带手机,换好、带好电板,活动中随时待机,保证信息畅通无误。服从统一部署和指挥。

先遣队带队时要仔细检查道路的周边环境,对有危险的地段要派人留守,提醒大家注意安全。

学生过马路时,组员要在马路中间指挥交通、确保所有学生安全过马路。

2、班主任及跟班教师

所有参加活动的人员必须经过培训,明确任务、职责、精力充沛、自始至终参与活动的全过程。按分配的任务全程跟班带生。

班主任应提前向学生做好注意事项所列的各种教育,同时做好各方面组织工作,包括随班教师的学生人数情况负责。

组织带好学生,保证学生的安全,做到去、回、集合等时候清点的人数相符。

提高认识,随时随地做好学生的安全教育,不能放松警惕。到目的地要视察周边环境,如有施工场地、山坡、河道水塘,凡是学生有可能发生危险的地方要分头站岗,并注意学生动态,不允许学生出入危险场地。

五彩校园文化艺术活动丛书

  学生过马路要走人行道，并时时提醒注意交通安全，注意来往车辆，确保学生安全过马路。如遇突发事件不慌张，小事自己处理，大事立即上报总负责。

  自始自终，活动中不得请假、不得中途私自离开学生，保证本次活动顺利进行。

  在用餐及各小组自由活动期间，带队教师必须把手机等联系号码告知学生。

  活动结束要及时总结，做好记录。

参观后的心得体会范例

参观科技馆心得体会

在王老师的带领下,我们一行30多人来到了XX市科技馆。参观了馆中的"太湖与XX"、"科技与生活"、"科技与探索"、"科技与XX"、和"集成电路体验馆"五个展区。我感觉收获颇丰。

在一层,我们不仅体验到了让人身临其境的4D动态影院,还让

我们了解到了,我们XX太湖的形成,太湖流域中的生态环境,以及太湖污染的治理。激发我们对太湖的崇敬,共同来保护我们的"母亲湖"。

在二层"科技与生活"展区,我参观了"健康生活"、"绿色生活"和"数字生活"三个主题的展区,贴身感受到科技与我们的生活、工作的影响。通过各种体验游戏如"脑电波"控制的转椅、"人体的三维全息影像"、"人体健康的测试"等让我了解了科技的无限魅力。

在三层"科技与探索"展区,我参观了各种新奇的材料,如神奇的"液态磁铁"自动爬坡现象、"记忆合金花"、"凯夫拉纤维"、"飞船模拟"等体验项目。在这里你不仅能驾驶着战斗机在空中翱翔,还能穿上宇航服留个影,更能在飞船模拟仓中发出变轨指令,让飞船做各种飞行姿态。

接着我还参观了四楼的"科技与XX"这一展区。让我了解到了XX城市的整体规划,并且还可以自己来做了一次XX城市规划师。让我体会到,一个城市的合理规划与城市的长远发展有着密不可分的关系。现在我们XX正好是城市发展速度的黄金时期,城市面貌发生着日新月异的变化。不久的将来我们XX的地铁也将开通,到时我们XX的经济文化和环境也将达到新的一个层次。XX人民的生活和环境会变的更好。

最后我还参观了负一楼的"集成电路体验馆"。在这里我通过电子显微镜观看到了在头发丝这么大的范围内集合了密密麻麻的晶体管,让人不禁感慨人类的聪明智慧。我还领略了互联网的神奇,可以让人在任何地方,只要通过网络就可以来控制家里的各种电器。

科技馆参观了一上午,我最大的体会就是科技给我们的生活和工作带来的方便和效率,我们生活中处处都有科技的影响。还有就是如果带学生到这里来参观,我想一定会让学生有很多收获的。

博物馆参观心得体会

5月25日晚8点半,全年级200多人在图书馆门前集合。每个人都是大包小包,还有很多提了箱子。晚上九点半,我们的终点站——西安到了。走出火车站,高达的城墙引入眼帘,彩灯把城墙点缀得格外漂亮。紧接着,大家分批坐上通往临潼骊铁宾馆的汽车。司机热情地向我们介绍西安的美景。他的热情让我们提前感受到了陕北人民的淳朴和好客。

在我们工作之前,兵马俑博物馆宣教部的王老师先给我们作了实习培训。她先教我们如何做人,让我们学会坚强,懂得珍惜缘分,更要珍惜这次难得的机会多多学习。然后她给我们介绍了博物馆的相关知识。在培训最后提醒我们注意安全。

我们一共分成两组轮流工作,每个组工作一天休息一天,这样也有利于我们休息调整。我们此次在宣教部和票务部工作。完成规定任务之余,我们就可以找外国游客交谈,锻炼口语。万事开头难,我观察了很多外国游客,迟迟不敢上前。想了一会,我找上几个同学,人多力量大嘛!"三个臭皮匠,顶个诸葛亮。"这话果然不假。我们几个终于鼓足勇气与一位年青人交谈起来。我们你问一句我问一句,交谈很融洽。在他的同伴到来之后,我们的谈话不得不结束了。开了个好头,以后的工作就水到渠成了。我们碰到了各个国家的游客,都聊得很愉快。

通过交谈,我发现了外国游客的很多共性。首先,他们很热情。只要我们和他们打招呼,他们都会笑容满面地回应。他们还都会说一两句中文,如"你好"、"谢谢",就像大多数中国人都会说"Hello"、"Thank you"一样。其次,来到这里的外国游客都对中国传统文化很感兴趣。有些外国游客掌握的中国的历史文化知识甚至比很多中国人都多。还有很重要地一点,他们都会夸奖我们英语说得好。尽管他们只是出于礼貌,我们还是很开心。这也让我们增强了自信心。

宣教部的工作是做调查问卷,这项工作需要很好的与人沟通的能力。我们需要找准调查对象,通过察言观色知道说采访之人是否愿意接受调查,能否提出建设性意见。票务部的工作相对来说比较机械,但是需要良好的工作态度。我们边检票边说"欢迎光临"或"Have a nice day",脸上还要保持微笑。时间一长,脸部肌肉都有些僵硬。总的来说,我们的工作很轻松,但要做好还是需要付出很大努力的。我们做的调查表中,游客们都提出了很多很好的建议。游客们的建议涉及了博物馆的各个方面。我们都希望这些建议可以对博物馆的建设有帮助,让兵马俑博物馆永葆生机!

这次的机会是十分难得的。正如王老师说的,全国只有我们这群学生有机会来兵马俑实习。兵马俑是世界闻名的博物馆,我们应该珍惜机会,好好学习。通过实习,我觉得自己学到了很多,可以用以下几点概括:

1、改变了对英语的认识

众所周知,英语是一门工具,通过它我们可以更好地与人沟通。经过这次实习,我认识到,英语不是多背几个单词,多学几个语法,多做几道题目就能学好的。它是交流的桥梁,只有通过与人交流才能发挥其作用。学以致用,也就是这个道理。只有把学到的东西运用到实践中去,才能得到提高。今后我要抓住任何机会锻炼口语,争取更大的提高。

2、增强与人交流的能力

怎样开始一段谈话也许很容易,但如何继续谈话就是一门艺术了。拿我自己来说,我碰到了一群江苏老乡,很容易打开了话匣。我请他们作了几分调查表,寒暄了几句之后,我发觉无法继续和他们交谈了。不知说什么，我只能低头做问卷总结。直到他们要走，我才和他们说了句"再见"。这次经历让我认识到，今后要多多学习如何与人交流。在后来与人谈话中，我注意多谈一些他们可能感兴趣的话题，很好地继续了我们的谈话。

3、提高了独立解决问题的能力

我遇到了一位法国女孩，她的英文不是很好，说着说着就会冒出一句法语。在这种情况下，我只能试着揣摩她的意思，并用英语向她证实。这样一来，我们的谈话进行得很顺利。

4、开阔了眼界

西安不愧为十三朝古都，拥有无数景点：被誉为世界第八大奇迹的兵马俑、传说中杨贵妃的沐浴场所华清池、巧夺天工的大唐芙蓉园、历史悠久的钟鼓楼、号称天下第一险的西岳华山……这些景点让我们流连忘返。除了这些文化景点，西安还有着现代的一面。在比较繁华的街上，世界名牌比比皆是，有些在长沙都是没有的。

此外，我还慕名去西安交大和西北工大参观了一番，认识到了差距，找到了努力的方向。西安交大与我校相比，文化底蕴更浓。这一方面是由于我校历史不长，还有其它方面的原因。如何增强我校的文化底蕴？这是我们作为我校学子要认真思考的。我们要在学好专业知识的同时，加强自身修养，在平时的一言一行中提高自己，打造我校学子的新形象！

校园外出活动的预案范例

为保障我校学生集体外出活动的安全,制订本安全预案。

活动前的安全防范预案

1、申请

凡我校学生以集体名义外出参加的一切活动,组织活动的部门必须提前5天向校安全工作领导小组写出书面申请,内容包括:活动内容、活动时间、活动地点、食宿行计划、安全保卫机构及安全措施等。

2、批准

在本市范围内能够当日返回的,由组织活动的部门或领队写出书面申请,经学生科审核,并报校安全办批准后方可外出。超出本市范围或当日不能返回的须主管校领导及校长批准后方可外出。

3、组织协调

活动经批准后,相关科室和部门须认真组织实施。涉及两个以上科室和部门的,主要科室负责组织,协办科室密切配合。

4、安全教育

活动前,组织活动的部门要组织对全体参加活动人员进行安全教育。内容包括:交通安全、饮食安全、防火、防盗、防病、防人身伤害等,并将安全教育贯穿于活动的全过程,防止安全事故的发生。

5、外出责任制

领队即为安全管理第一责任人,全面负责外出团队的安全工作;

熟悉本预案；制定本次活动突发事件安全预案；做好外出团队人员的人身、交通和饮食等诸方面的安全教育；教育队员不得中途离会，不得外出就餐，尤其是街边地摊和不洁零食；查明各类安全事故隐患，杜绝安全事故发生；进行车辆状况、司机是否酒后驾车、疲劳驾驶等交通安全督查，检查住地人身、饮食、防火、电源电线和卫生防疫等各方面的安全隐患，安排安全防范措施，发现问题要及时与当地安全保卫部门和学校安全工作领导小组办公室联系。

领队必须明确一名安全督导员，协助其全程做好安全防范工作。

6．返校总结

返校后组织活动的部门要及时向校安全工作领导小组办公室报告，并及时写出书面总结报安全工作领导小组办公室。

事故发生后的处理预案

一旦发生安全事故，按下列应急操作程序进行。

1．交通

迅速抢救受伤人员，保护好现场，并拨打120急救中心和122事故处理中心电话，请求救援。情况紧急时，应先求助路过车辆，第一时间将急重伤员送往医院。

2．火灾

一旦出现火灾，迅速组织学生按照安全通道标示有序疏散，迅速离开火灾现场。危急时，要组织大家视当时情况采取正确措施等待救援或自救互救。

3．食物中毒

立即拨打120急救中心救治中毒病人，争取所在地卫生防疫部门积极配合，迅速实施抢救。

4．人身伤害

一旦遭到人身伤害事件及时与当地110联系，同时保护好现场，若有身体致伤者，立即拨打120急救中心电话，第一时间将受伤人员送到医院及时救治；意外触电，应立即切断电源，迅速将触电者送往医院救治；如遇滑摔、砸伤、突发疾病等意外发生，应立即拨打120急救中心电话，迅速送往医院救治，外伤出血者，先按医疗常规包扎伤口，避免流血过多发生意外。

5、传染性疾病

外出参观时一旦发生传染性疾病，先就地隔离，同时拨打120急救中心电话，详报发病状况，等候指定医院救治。

6、其它情况

凡发生以上危机情况或其他安全危险时，带队责任人必须在第一时间将情况向学校领导或校安全办报告，不得延误，对玩忽职守，擅离岗位造成重大失误的相关人员，将给予严肃处理。

外出活动责任人的要求

1、全体领导和教职工均要以高度的责任心对每个学生的安全负责。对学生加强安全教育，抓好安全管理，确保外出活动万无一失。

2、实行组织学生集体外出活动申报审批制度，全校性的活动，提前7天上报新北区社会事业局，并做好活动的组织和抓好师生的安全。

3、出发前要集队做好安全教育及宣布活动安排。

4、各班清点人数上报政教处。

5、租用的车辆必须要有正规的营运执照客车。

6、组织学生有秩序地上车，教育学生不要争先恐后，要礼让。乘车时不要将头手伸出窗外。

7、到达目的地后要组织和开展活动，不要随意"放羊"。

8、教育学生不要到危险的地方玩耍，特别是山水及偏僻的地方。

9、分散自由活动时，要求学生三五成群，不要个别行动，教育学生发现问题或发生事故时要及时报告，班主任和跟班老师要加强巡视，分管领导要做好监控，发生事故要采取应急措施。

10、活动结束要在规定的地点按时集中，清点人数上报，并有秩序上车，班主任及下班老师跟车回校，待学生离校后，才能离开。

其它原则

突发事件发生后，学校外出活动领导小组应将重大事件在第一时间内，及时向区教育局、镇政府报告。

各领导小组成员，在各自职责范围内做好突发事件应急处理的有关工作，切实履行各自的职责。

突发事件发生后，应立即保护现场、采取措施。同时加强学生管理，确保学生心态和情绪稳定。

NO6.参观及展销活动策划案例

科技馆参观方案案例

活动目的

为丰富学生课余生活，加强科学技术普及教育，提高学生的科技素质，培养学生对科学技术的兴趣和爱好，增强其创新精神和实践能力，引导他们树立科学思想、科学态度，从小爱科学、学科学、用科学，也许在参观过程中并不用强行记住什么，但是希望使他们在脑海

中有个大概影响,并了解我国现在的科技发展水平。特安排本校学生赴上海科技馆参观学习。

活动时间
6月4日

活动地点
××科技馆

提前准备
1、告知家长书提前发放并让家长为孩子做好准备。

2、各班老师做好分组工作,并确定小组长。

领队
大队辅导员冯老师

具体安排
1、每个班分好小组,确定好正、副小组长,到达目的地后以小组为单位进行活动。

2、6月4日早饭后7:30到校集合,7:50准时出发,当天下午5:00左右返回学校。

3、加强坐车安全和到达目的地的活动安全。

注意事项
1、自带矿泉水、面包,中午也可在科技馆用快餐。

2、学生全部穿校服,戴红领巾。

3、分散自由活动时,要求学生小组成群,不要个别行动。发现问题时及时报告。

4、活动结束要在规定的地点按时集中,清点人数上报。

5、提前做好安全教育。

参观路线
1、一层

动物世界：回归原始生态，做客动物星球。

地壳探秘：穿越岩矿长廊，阅读地层故事。

智慧之光：动手操作体验，点燃智慧火花。

设计师摇篮：创意无限、展现个性。

2、二层

探索者长廊：重温科学史上辉煌里程碑。

机器人世界：领略"人工智能"的神奇。

信息时代："虚拟实验室"学做科学家。

地球家园：领悟自然与人的和谐。

3、三层

探索之光："相对论剧场"听科学大师的解说、辨事物的本来面目。

宇航天地：圆梦飞天，分享人类科学技术的精华。

太空影院：小穹顶下，遨游宇宙。

4、地下一层

球幕影院：视野宽广，沉浸漫游。

活动反思

科技馆地方太大，集体动是不可能的，必须要分散活动。但是设计中忘了安排却如何分散活动，以至于活动时可能很乱。因此大家还是要分散开来。所以合理安排分散很重要。科技馆动物世界的每个展区的走道比较狭窄，而且比较陡峭，因此之前的活动注意事项中一定要告诉学生注意安全并且穿好跑鞋。

设计中的参观路线虽然齐全但是太多，在一天内走过所有路线比较难以达到，且很多都需要排比较长的队伍。大批学生不可能去排队。没有安排具体老师具体管哪个班，以至于班主任老师管不过来，班级秩序较乱，这样也不利于学生活动，增加了危险系数。

参观红色教育基地策划书

青少年是国家的未来和希望,班级里学生的年龄都在14岁左右,正处在人生观、价值观的塑造期。这一年龄段的学生思想并不成熟,由于青春期心理,容易产生叛逆,甚至误入歧路。所以,对于青少年的心理健康教育,直接关系着下一代能否健康成长。作为他们的班主任,我深知不能仅仅重视文化知识的教育,还要让孩子们具备健康的心态和良好的心理素质,从改进教育方法上来关心、爱护和尊重他

们。

同时为贯彻关于"先进性教育活动一定要扎实推进，要在取得实效上下功夫"的重要精神及对少年大力弘扬和培育民族精神，引导和激励少年了解民族精神的丰富内容，感受民族精神的时代内涵，不断增强光荣感和责任感，结合青少年健康心理教育，我班决定举行一次参观红色教育基地活动。

活动目的

进一步深入开展革命传统教育和爱国主义教育，配合学习实践科学发展观；争取让每一个参加活动的同学，对红色文化具有更加深刻的了解，时刻提醒着同学牢记历史，勿忘国耻；结合参观活动，展现自我对红色文化的了解；通过"看"、"学"、"展"、"感"四个环节，理性与感性相结合，塑造青少年健康的人生观、价值观。

预算费用

大巴车一辆：200元

班旗：30元

××墓门票：免费，提前预约

鲜花：50元

合计：280元

活动主办单位：××班

活动对象：××班全体同学

活动总负责人：××

活动地点：××墓红色教育基地

活动时间：10月×日

活动开展

1、准备

（1）前期：向学生处提交申请；

（2）中期：作好宣传工作，向各同学宣传；准备材料，××墓资料等；收集同学展示自我的节目，做到心中有数和次序的安排；

（3）后期：活动总结及个人感想。

2、活动内容

"看"、"学"、"展"、"感"。

"看"就是参观××墓，通过亲身经历，直观的感受历史巨变；

"学"就是学习红色文化，学习历史，将这段苦难的记忆化作动力，激励自己奋发图强，报效祖国；

"展"就是展示自我的才华，在参观××墓的过程中，同时让同学们展现自己准备的节目。

（1）小导游——红色文化催人传承。根据自己准备的资料，做一名小导游，为同学们讲解××墓的历史、发展及自己对××墓今后发展可能性的合理推测。

（2）小歌手——红色歌曲催生激情。演唱红色经典歌曲，如《五星红旗》、《我的中国心》、《歌唱祖国》、《我的祖国》等，让红色歌曲响遍×班。

（3）故事王——红色故事催人奋进。如刘胡兰的故事、《小萝卜头的故事》、地道战，等等。一个真实的红色故事，比一堂理论课更具有感染力，为此，继承和发扬老一辈无产阶级革命家的英雄主义精神，提高同学的政治思想觉悟，把对先烈们深切的怀念之情和崇敬之情，转化为一个个红色经典故事的讲述。

（4）其它形式的红色经典展现。

注：以单人或小组的形式，每人至少参加一项。

"感"就是谈感想，在活动中，大家可以随时交流感想，活动结束后，要求同学们将感想整理成观后感，上交老师，整理成册。

3、具体细节

上午8点到达××墓，由小导游向同学们讲解××墓的历史文化，不同的学生必定有不同的认识，通过对大家的认识的掌握，了解同学们对历史事件、文物的看法；在了解了××墓的历史之后，举行扫墓活动；根据学生个人红色经典报名的情况，展示红色歌曲、红色故事等，借此契机，不仅可以让每个人都有在同学们面前展示自己的机会，锻炼自己的胆量，发觉同学才能，同时更进一步了解红色经典，增强爱国主义情怀及对革命先辈的缅怀。

计划在上午10：30返回。

活动注意事项

1、本次活动的所有费用一律以发票作为报销凭证；

2、参加活动的学生请穿运动服及运动鞋，女生请把头发扎起；

3、参与活动的同学保管好自己的贵重物品；

4、在活动的过程中，学生们请注意安全；

5、活动结束后将各自的垃圾带走。

具体人员分工安排

待定。

备注

××墓介绍

策划人：××

10月14日

参观地质天文馆活动策划书

活动背景

"上知天文,下知地理"历来是古今中外人士所追求的学识最高境界。在我国很早就有以天象断运势,以地利断人缘的典故,三国演义中的诸葛亮就是这般人物。当然今天我们更多的将这种境界视为人学识渊博、学富五车的一种映射。然而今天也不乏对天文地理感兴趣的人,更有许多立志于研习天文地理知识并运用它们的才人志士,他们也在向这两方面的更深领域行进。无论你是否是地理专业,参观藏

馆就是一个不错选择，益眼益心。

活动主题

养眼怡情——观天文星象，察地理山川

活动目的

为充分利用学院资源，突出社团特点，组织协会成员及其它有兴趣的同学，参观学院地质馆、天文馆，届时有请专业的老师讲解，以提高同学们的专业学术水平，引导同学们积极探索地球与宇宙的无穷奥秘。

活动对象

全校对天文、地理感兴趣的同学

举办单位

××大学地理学会

活动地点及时间

活动时间：4月15日9：00（暂定）

活动地点：地质馆天文馆

集合地点：学校大楼前

活动流程

1、前期工作

（1）申请开放地质馆、天文馆。由王同学负责联系地理科学学院教师，申请开放学院地质馆、天文馆并邀请刘老师为本次活动的解说员及演示员。请理事长及外联部部长负责在4月13日之前申请完成。

（2）宣传工作及相机准备。宣传部负责绘画宣传海报3张对此次活动进行宣传，尽可能地吸引社团外的人员来参观确保海报能在3月14日之前贴出去，具体地点位：超市、食堂附近；同时，新闻中心须准备好活动期间需要用到的照相机和扩音器，并安排人员在活动中进行相片采集，搜集好活动资料。相机和扩音器则只要在4月15日之前准备好即可。

（3）搜集知识竞答题。会长助理协助新闻中心搜集与地理相关的常识、小知识，在参观人员参观期间可以举行一个小型的知识竞答比赛，礼品为小糖果和小礼品，如小本子等。因时间缘故现暂定选择来提问。搜集时可多预备一些题目，在提问时可选择性的提问。新闻中心部长必在4月15日前完成此项工作。

（4）礼品及小奖品购买。学会秘书处人员负责购买赠送给解说教师或演示员的礼物和知识竞答环节的小奖品。具体事宜由秘书处部长负责于4月15日之前将礼物买回并加以适当包装。注意购买的礼物最好是具有很好的纪念价值的物品。

（5）通知会员。由会员俱乐部负责通知地理学会全体会员此次活动的时间和集合地点，确定参与此次活动的会员人数，然后将人数告知新闻中心部长。具体由会员俱乐部部长负责人员安排，并于4月15日之前处理好相关事宜。

（6）维持秩序。活动当日所有参与参观的学会干部干事均有责任维持好活动期间的秩序问题，主要目的在于避免参观人员在活动中损毁地质、天文资源，希望大家通力合作。

2、活动期间

（1）签到事宜。干事干部签到：秘书处负责在4月15日8：40之前到学院大楼前进行签到。其间参观人员的整体秩序由会员俱乐部负责维持。

（2）分队。在参观人数较多的情况下，策划部干事须协助秘书处将到达集合地点的人员合理地分组，确保进入地质馆和天文馆的人员适当，不至于因拥挤而损毁天文馆、地质馆仪器及资源。若参观人员不是很多，则无需分队参观。

（3）参观。参观之前，外联部负责联系解说教师说明参观期间需

要注意的事项，然后按队带入或是统一带入地质馆进行参观。

（4）参观结束。待参观人员均从天文馆出来后，策划部、秘书处负责检查天文馆和地质馆中的仪器、资源是否完好，同时将地质馆、天文馆打扫干净。其间主席团三人须陪同解说教师直到地质馆、天文馆一切正常为止。

（5）感谢解说教师。由会长感谢解说教师并将包装好的礼物赠送给解说教师。

3、活动结束

（1）新闻宣传。新闻中心在活动结束后，尽快写出简短精练的新闻通过各渠道发表出去，以达宣传学会之目的。新闻中心部长务必督促干事用心写好新闻。

（2）上传活动相片。活动结束后，宣传部负责将搜集的相片资料上传到学会QQ群上，同时也保存好相片材料以便在以后的学期学会工作上派上用场。

（3）会长作总结：会长可在活动结束后开一个干事干部会议就此次活动各个方面进行总结，当然也可在下一次活动筹备会议上进行总结。

经费预算

申请费用：100元

礼物：（待定）

奖品：15元

矿泉水6瓶：6元

总计：121元

××地理协会

2月25日

参观省科技馆活动方案

活动目的

为丰富农村学生的课余生活,加强科学技术普及教育,提高少先队员员的科技素质,培养学生对科学技术的兴趣和爱好,增强其创新精神和实践能力,引导他们树立科学思想、科学态度,从小爱科学、学科学、用科学,逐步形成科学的世界观和方法论,特安排本校三名教师及三星、希望小学校点学生赴青海省科技馆参观学习。

活动时间

11月24日星期六9：00至14：00参观科技体验科技

活动地点

省科技馆

总带队

××中心学校马校长和负责学校安全主管领导带队

教师领队

柳老师、王老师

学生领队：

××小学：××、××、××

参加学生

学校各校点优秀、贫困学生及各校点的带队教师。还有××电视台的记者会全程采访拍摄记录此次活动。

活动方案

1、活动人数

××小学部32人，教师1名。

希望小学部38人，教师2名。

2、车辆来源

中心学校74座学生专用车和五座小轿车。切实保障师生安全。

3、活动费用

本次活动费用有××中心学校承担。

活动要求

1、中心学校领导安排专车接送学生，切实保障师生安全。带队人员要增强责任，全程陪同。在启程、返回及参观完毕时都要清点人数，核实无误。学生穿戴整洁，佩戴好红领巾，身体有不适症状的学生不能参加本次活动，班主任要与家长取得联系，做好解释工作。

2、陪同老师要教育学生一切行动听指挥，遵守交通规则，遵守参观纪律，爱护展室内所有设施，不要攀登馆内的看台，不要在馆内大声喧哗及乱跑乱窜，尊敬工作人员，服从工作人员的管理。做文明参观者，充分展示我校学生良好的精神风貌。

3、学生参观和操作时要首先认真阅读展品说明，再动手操作。参观学生可5至10人为一组，同在1个展位边参观、边动手活动和体验。

4、要自觉维护参观秩序，讲好公共卫生。严禁将各种饮料和食品带入馆内，不要随地吐痰、乱扔杂物。保管好随身携带的物品，预防丢失。

5、参观结束后，每位学生撰写参观体会，题目自拟。

6、上报作品要求：每班提报所有参观学生认真写一篇省科技馆观后感，并从所有参观体会中择优选报5篇参观体会，于12月3日周一下午放学前交到学校总部。

应急方案

1、学生在活动行程当天，早上低年级同学跟随家近的高年级同学集体8:00在学校门前集合。由学校的学生专用车接上全体学生。参观活动结束后，由学生专用车接上学生送学生去餐厅吃饭，然后直接送回各自校点，再由高年级学生将低年级学生依次送回家中。

2、活动中可能发生的其它事情的应急方案

（1）学生在场馆内脱离的队伍走丢如何处理？让学生自行或寻求场馆内工作人员帮助，在一楼一进门的存包处耐心等待。

（2）学生需要上厕所怎么办？学生需要上厕所要向各组组长汇报，然后再向带队教师汇报，由带队教师统一带领去卫生间，各组的组长需要在附近耐心等待其它组员，待组员到齐后，继续参观。

（3）其它事情。一旦发生了突发事件，各组组长应在第一时间通知带队教师，由教师处理。以免情况继续发展。

"弘扬革命精神"活动方案

活动背景

5月18日是国际博协确定的"国际博物馆日"。为了让我班领略光荣队伍"生在井冈山、长在南泥湾、转战数万里、屯垦在天山"的英雄事迹,了解革命前辈,弘扬革命精神,提升我班全体同学的凝聚力和发扬吃苦耐劳的学习精神,为此我班将开展参观"××纪念馆"的活动。

活动主题
弘扬革命精神，增强我班力量

活动时间
2012年5月12号下午4：30至6：30
如遇沙尘暴天气时间另行通知

活动对象
班全体同学

活动地点
××纪念馆

活动目的
通过我班全体同学们参观"××纪念馆"，使同学们了解革命英雄的事迹，发扬他们吃苦耐劳的精神，把那精神运用我们实际的生活和学习中，提高同学们的文化素养和自身实力，增强我班的凝聚力，最终实现"优秀班集体"这远大目标。

活动部分
由班委向同学们讲诉参观博物馆的注意事项以及志愿活动的具体内容。由班委负责将全班同学分成两个小组，帮助博物馆擦洗石碑，做好志愿活动。由宣传委员做好摄影拍照工作。

人员安排
团支书：组织本次活动并做好考勤工作

组织委员：组织好分组情况，做好动员工作

社践委员：做好此次活动策划并总结心得体会

宣传委员：负责摄影拍照

班长：协助团支书做好各方面工作

其它人员：积极参加此次活动

学校物品展销会活动策划书

尊敬的商家：

为了行之有效的宣传你的产品，为了让你对本次的活动有深刻的了解，更为了我们合作的愉快和取得圆满成功；我们在总结以往策划活动经验的同时，对此次非比寻常的展销会进行了细致的研讨，多角度的考虑，最终以万无一失的把握，胸有成竹的自信，撰写出了本次物品展销会的策划书。

此次展销会的目的，意在用我们所学，尽我们所能，为贵公司作一次义务的企业形象宣传，所以，我们迫切期望能为贵公司的长远发展助一臂之力。

在此，我们衷心感谢贵公司的信任，感谢对我们的支持，感谢给我们利用所学，回报社会的机会！

物品展销会策划书

活动内容：展销、宣传商家产品；树立企业形象

活动对象：全院师生

活动形式：文娱节目与产品展销相结合

活动时间：5月20日

活动地点：学校操场

协办单位：赞助企业（商家）

活动背景

5月7日至5月21日，为学生社会实际实习阶段；学生要运用所学的市场调研学、市场营销学、管理学等多种专业知识，搞一次大型的实践性活动。以此增长实践能力。

活动目的

1、提高赞助企业产品在大学生中的知名度和影响力，发掘潜在顾客，树立企业形象

2、增长实习生实践能力

活动简介

协办方提供展销的各类产品和相应的赞助，主办方负责整个物品展销会的各项活动流程。

活动负责人

物品展销负责人：赞助企业

校部负责人：主办方指导教师

活动策划人：主办方

活动步骤

1、活动准备

准备期限：4月1日至5月18日

准备内容：（1）在5月19日前，将会场的布置材料如气球，舞台背景，音响设备，准备齐全；（2）在4月1日到5月16日，将活动的文娱节目选拔并彩排完毕；以及演员服装准备妥当；（3）在5月19日13点前，协办方提供的物品必须送到活动现场。

2、活动实施

（1）活动宣传

宣传期限：5月7日到5月19日为整个活动的宣传工作期

宣传渠道：

（1）海报宣传：设计活动宣传海报，将海报贴在所有学生宿舍楼下及人流密集区（食堂、教学区和宣传栏）；

（2）广播宣传：编辑活动宣传广播稿，在学校范围内多时段的进行报道，扩大本次活动的校内知名度；

（3）横幅宣传：在校园内的各交通要道拉宣传横幅，巩固宣传；

（4）人脉宣传：利用主办方人员在学校内部的人脉关系，稳固宣传；

（5）传单宣传：在正式活动前，以发放物品传单形式宣传；

（6）网络宣传：利用学校的学生校园网进行网上宣传。

活动流程

1、活动现场概述

以强悍的会场阵容和精彩的文娱节目吸引过往人流；穿插有奖互动激情游戏将会场气氛带向高潮；在游戏与节目之间，主持人介绍赞助企业的形象同时宣传各类产品，激发大众观赏欲望。

2、活动流程详情

5月19日12点。依次顺序为：（1）主持人开幕；（2）健身操；（3）主持人介绍协办方；（4）产品走秀；（5）互动有奖游戏；（6）独唱；（7）互动有奖游戏；（8）女子街舞；（9）串唱；（10）物品展销。

活动亮点

1、策划阵容：本次活动的主办方是由学院的优秀主持人、舞蹈演员，学生会干部组成；

2、演员阵容：文娱节目演员是学院文娱部的专业舞蹈演员组成；

3、舞台阵容：本次活动是在人流量最大的露天操场举行。

活动场地平面图

后附。

项目	数量	单价（元）	价格（元）
红地毯	1张	25	25
气球	2袋	6	12
音响设备	1套	30元/天	30元/天
横幅	2条	10	20
金粉	2袋	4	8
彩带	4打	2.5	10
展板	1张	15元/天	15元/天
饮用水	1桶	10	10
水杯	1袋	5	5
演员化装			60
演员酬劳			100
预算总计：			295元

公司提供产项目

舞台背景海报	一张
产品宣传海报	若干
产品宣传单	若干

注：经费开支中因不定因素而发生的支出，由双方协商决定。

校园综合展策划方案与策划书

办展背景

校园展销会是丰富大学生生活,培养能力的契机。针对当代大学生愈发增强的购买力,实现大学生理性消费与商家盈利的双赢局面。另外,当代大学生普遍缺乏适应社会发展的实践专业化才能,长期禁锢在象牙塔中更是缺少了许多实用的生活体验,致使在以后的工作中屡屡碰壁。本次展销会将由××大学在校学生组织举办,为在校学生

提供了锻炼自己展示魄力的平台,提升社会实践能力,为将来步入社会奠定基础。

展会的目的和宗旨

此次展销会旨在提升××大学科文学院在校学生的竞争力,锻炼大学生的实践综合能力,培养德智体美劳全面发展的新世纪综合性人才。与此同时,让本次校园展销会成为地区学校的领头羊,打响××大学的品牌,提升我院知名度和美誉度。

展会设置及主要内容

1、展会名称:××大学科文学院校园综合展销会

2、展会主题:校园展销会,保证不嫌贵

3、展会主办单位:××大学科文学院

4、展会时间:10月7日~10月14日

5、展会地点:××大学科文学院操场

6、展会对象:面向我校全体师生及周边学校师生

7、参展范围:

类别:冬季保暖品、学习用品、生活用品、饰品、化妆品、休闲食品、电子产品、其它

具体:服装、围巾、手套、耳罩、口罩、雪地靴等;笔、书本、稿纸、透明胶带、文件夹、笔袋等;洗衣粉、护理液、衣架、鞋架、体重秤、杯子、牙刷、牙膏等;发卡、头绳、毛衣链、手镯、戒指、眼镜等;洗面奶、化妆水、乳液、粉底、睫毛膏、眼影等;糖果、坚果、水果、进口食品、饮料等;U盘、耳机、鼠标、MP4、MP5、手机壳等;手工艺

装饰品,十字绣等

展位价格

标准展位60个:2米×3米,配备四张桌子,两把椅子。如需增

加，桌子10元/天，椅子5元/天。

收费价格：冬季保暖品50元/天；学习用品40元/天；生活用品60元/天；饰品70元/天；化妆品100元/天；休闲食品30元/天；电子产品80元/天；其它45元/天。

组织机构及职责

主办方：××大学科文学院

承办方：科文学院学生会

总指挥：学生会主席，负责总体调度校园展会的各项事务

主要的工作小组有：招商招展组（招揽商铺，保证展位租用率）、宣传组（负责展会全程的宣传，保证参展人员的数量）、开幕式组(负责展会开场的气氛)、现场活动组（负责展会现场活跃气氛及相关展会活动的组织）、现场管理组（负责展会现场的秩序和活动监控）、物资收纳组（保证学校物资的完好无损，如有破损，及时索赔）、财务组（负责收取展位租金，规划记录展会各项支出）、仓储管理组（负责管理商铺的货物，保证商家的货物安全）

工作进度与计划

策划书制定与完善11月24日至12月1日

宣传推广3月1日至5月1日

展会招商招展5月1日至9月29日

争取赞助5月1日至9月29日

开幕式10月7日

正式展览10月8日至10月14日

撤展10月15日

展场清理10月16日

收尾工作10月17日

评估总结10月18日至10月20日

广告宣传及其它

由于展会的推广工作需要紧扣主题、突出重点。基于综合展会规模及形式的多样性,所以需要扩大宣传,充分运用一切可利用的媒体如校园报刊、网络、校园广播、向外发传单等进行宣传,形成广泛热烈的舆论氛围。具体推广工作如下:

1、前期宣传工作

5月1日至10月1日。

(1)校内宣传。校园广播站宣传;在校园网上登有关此次展会的相关信息;宣传组在校园楼道间、食堂及各栋学生公寓等人流较多的地方进行分发传单;由学生会组织走进各个班级进行宣传;在学院显眼地带拉横幅,在教学楼、公寓楼、文化长廊等显眼处粘贴海报。

(2)校外宣传。在周边的各大学校分发传单;和各大学校校园广播站洽谈,争取做广播宣传;在各大学校粘贴海报;利用人际关系与各大学校学生干部洽谈,进行人员推广;制作邀请函,诚挚邀请各大学校代表参加展会。

2、展会筹备期及进行中宣传工作

10月7日至10月14日。

利用校广播站，并及时更新海报、展板以报导活动的详细进程及部分结果。招展招商阶段，将展会相关材料分发给观众以及目标参展学校。展会举办过程中，还将举行多种促销活动以达到宣传推广的目的。

3、展后宣传工作

10月18日至10月28日。

通过网络途径、校园网、校园报等形式，报道本次综合展会。

现场活动与管理

1、开幕式

主持人开场，介绍嘉宾，领导致开幕词，文艺表演，领导宣布开幕及揭幕。

2、服务管理

（1）在校门口设置接待点。接待点具体工作包括：展商签到、咨询。

（2）接待展商签到并核对参展学校的协议书，同时向参展学校发送展览现场秩序管理章等相关资料和参展牌。

（3）引领参展学校到相应展位。

（4）指挥参展学校的车辆到指定地点停放。

（5）展会期间，提供专门人员协调现场工作，可为参展学校提供展会期间的各种服务，如：电源调试、产品运送、物品保管等。

（6）我们将提供专门货物储存室，能为参展学校在货物运输方面省去一部分支出。

（7）存货的时候我们将清点货物并登记同时再以封条进行封仓，出货凭我们发给各位商家的参展牌出货并登记。

（8）休展期由学校保卫科专门人员对仓库进行看管。

3、现场管理与防范

（1）在展览现场设置一个服务点，保持展会进行阶段有人员的值班。

（2）分配组员轮班巡场，巡场主要的目的：观察参展学校是否按要求规定用电，同时注意其它安全隐患和现场秩序的维护。

（3）在现场指定地点摆放垃圾箱，以保证展场的整洁。

（4）注意现场音量的控制，如展商需要播放音像的要控制在70分贝以内，具体以不影响展会及其它展商活动为原则。

（5）注意用电安全、防火。

（6）将提供仓储室予展商存储物品，货物运输由商家自行负责，如展商需求搬运服务，需要收取相关费用。

4、撤展管理

（1）及时提醒展商撤展时间，在展商撤展的同时工作人员到其展位清点展具并提醒注意展位的清洁。组织有关工作人员协助展商进行撤展工作。如有展具的数目不对和展具的损害则按市场价进行赔偿。

（2）当展商完全撤离后，本组工作人员与其它工作人员将展具搬回指定地点。

成本与收入预算

1、成本

（1）前期宣传推广费用：校内及校外宣传、相关资料、横幅、传单制作等费用。

（2）相关活动费用：开幕式及相关配套活动所需物品及筹备费用等。

（3）全体人员的补贴及其它不可预见费用。

2、收入

展位租金：主要是参展学校所支付的展位费用。

企业赞助：主要是招展阶段主办方拉到的赞助费用。

风险预测及应对措施

1、外部风险

（1）展会出现新的竞争者。

（2）展会期间天气异常及现场可能出现各种灾害，如下雨、火灾等。

（3）各方合作风险。

2、内部风险

（1）招展、招商不顺。（2）宣传推广效果不佳。（3）管理体系不合理，现场管理不善。（4）参展学校闹展罢展。（5）现场安保问题。

3、解决方案及措施

（1）推广阶段，充分宣传此次展会的规模及影响力，在参展学校及观众的心中树立高知名度及美誉度。

（2）展会开幕前几天关注天气变化，如若天气异常，提前通知参展学校及观众，采取相应的应急措施。

（3）现场防火防盗工作，抓好管理，集中精神，共同保障展会期间的安全。

（4）会展过程中，坚持实事求是，以招展人员的真诚以及综合展会的影响力打动参展学校，绝不能不合实际，让参展学校感觉综合展会与宣传不符。

（5）现场管理中，增派人员巡逻，保证现场秩序。

联系方式

××大学科文学院学生会

"循环利用绿色环保"展销会

　　新生的报到，对物品有着一定量的需求，但是由于对环境的不熟悉，有需求，但是不知道该去哪购买实惠的物品，然而，高年级学生恰好有一些耐用性强的二手物品，且购买二手货经济实惠环保，为了满足双方的需求，我们特举办此次校园展销会，为大学城师生提供一个良好的平台，达到双赢的效果。

　　展会的特色：实现物品的循环利用，顺应绿色环保的趋势，提高

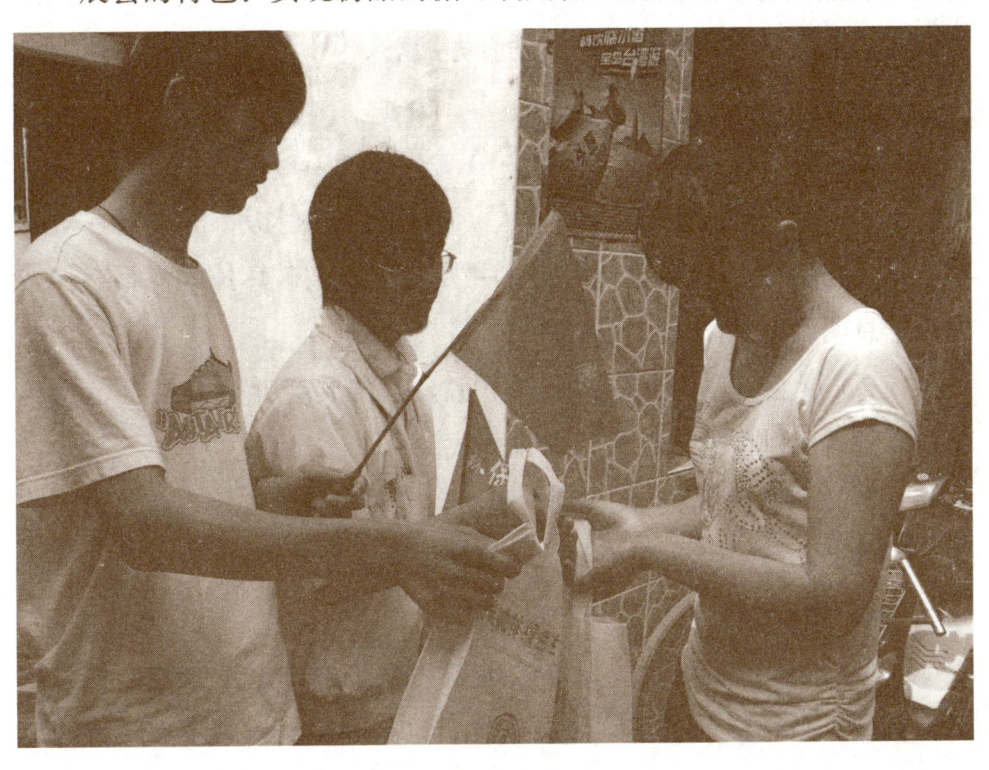

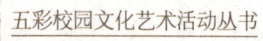

大学生的环保意识。

展品范围

实用书本：专升本资料、英语四级资料、课外小说杂志等。

运动用品：羽毛球拍、轮滑鞋、篮球等。

电子产品：手机、mp3、低音炮等。

日常用品：服、鞋子、水壶、饮水机、储物箱、小桌子等。

招展价格

展位价格：标准展位6平米，20元3天。

展位价格折扣：超过（包括）18平方米打九折。

市场状况

本校此前从未举办过此种展会，大学生对此新鲜感会较强，而且对二手物品有一定量的需求，所以我们有着潜在的消费群体，毕业生待处理物品比较多，因此增加了展会参展学校数量。学校东门地理位置优越，人流量大，宽敞干净，适合办展。

宣传推广

1、本校

（1）展会开展前一星期在食堂、宿舍楼、热水房、广告栏、教学楼、活动中心张贴展会宣传海报，并及时更换被破坏掉的海报，保持海报信息明确完整。

（2）展会开展前3天走访各个宿舍宣传展会并分发展会信息传单，有意者可以留给走访人员联系方式。

（3）展会开展前一天在食堂和活动中心过道处安排专门人员对路人分发传单。

（4）由学生会负责通知各班。

（5）经学校批准后，开学之前就在学校网站上发布展会相关信息，有利于新生提前了解到展会信息，也有利于对经常不在学校的高

校园会展类活动指导手册

年级学生进行宣传。

（6）通过泰达之声广播站广播宣传展会信息，提前两天每天中午和下午进行广播。

（7）开展前一星期，在活动中心设置信息咨询处。

2、临校

（1）提前十天分别在临校新老食堂、图书馆、广告栏、校后门口张贴展会海报。并及时更换被破坏掉的海报，保持海报信息明确完整。

（2）提前3天分别在新老食堂、宿舍楼下安排专门人员发放宣传单，以弥补不能进入宿舍内部及班级宣传的缺陷。

（3）在临校论坛上发帖宣传，建立讨论群组。

（4）在临校宿舍报刊亭处设立信息咨询处。

3、大学城

（1）提前两天在公交站候车处、导轨站台、附近超市门口、电影院门口、游泳馆张贴海报。

（2）在公交车站、××超市处发放传单。

相关活动

1、会议

展会前一星期，组织参展学校代表、策划人员、学生会人员、社团人员和专业老师开展一次小型座谈会，讨论交流，征求意见，确保展会各个环节顺利进行，提高展会质量与效率。

2、表演

在此次展会中，准备精彩的节目。具体如下：

9月21日：

15：10分开幕式准时开始

15：10至15：12主持人出场

15：12至15：15由院长宣布展会正式开始

177

15：15至15：25乐队演唱：《the young for you》

15：25至15：40街舞表演：《poker face》

15：40至16：00轮滑表演：背景音乐《can't take my eyes off you》精彩热闹的开幕式，不仅能吸引更多的参展观众，而且，更能活跃现场气氛，提高观众购买热情。

18：00至19：00期间穿插一系列魔术表演，这也是表演的重头戏，魔术师会先出其不意的出现在某个展位前，与购买的观众进行互动，吸引顾客，提高销售量。

9月22日：

18：00至18：30乐队表演：曲目由乐队自定

18：30至19：30展位系列魔术表演

表演地点：学校东门大道

3、服务项目

（1）无偿服务

邀请学校专门人员负责安保工作，维持展会现场秩序，提供最放心的服务。

乐队、轮滑、街舞表演由学校邀请出演。

学校会提供免费的保洁服务，提供一个干净的销售环境。

（2）有偿服务

可以聘用优秀的魔术师给展位增加人气，学校可以免费帮助联系。

参展方法

1、开展前参展学校需到报名处详细填写《参展申请表》。内含《展品清单》），学校根据申请者所定展位数量和面积坚持先到先得、重点优先的原则预留展位。此外，会对申请者资格进行审核，审核不通过者，不得参与本届展会。

2、现场审核通过后，参展者统一支付现金，并领取《展位确认书》。付款方式：统一缴纳现金。

3、联系办法

电话：××

邮箱：××@126.com

地址：××

图书在版编目（CIP）数据

校园会展类活动指导手册 / 王春如编著． -- 长春：吉林出版集团有限责任公司，2013.11（2020.11重印）
ISBN 978-7-5534-3307-3

Ⅰ．①校… Ⅱ．①王… Ⅲ．①展览会－青年读物 ②展览会－少年读物 Ⅳ．①G245-49

中国版本图书馆CIP数据核字（2013）第226703号

校园会展类活动指导手册

王春如　编著

出 版 人：	齐　郁
责任编辑：	孙　婷
封面设计：	大华文苑（北京）图书有限公司
版式设计：	大华文苑（北京）图书有限公司
法律顾问：	刘　畅
出　　版：	吉林出版集团股份有限公司
发　　行：	吉林出版集团青少年书刊发行有限公司
地　　址：	长春市福祉大路5788号
邮政编码：	130118
电　　话：	0431-81629800
传　　真：	0431-81629812
印　　刷：	北京兴星伟业印刷有限公司
版　　次：	2013年11月　第1版
印　　次：	2020年11月　第3次印刷
字　　数：	158千字
开　　本：	710mm×1000mm　1/16
印　　张：	12
书　　号：	ISBN 978-7-5534-3307-3
定　　价：	35.00元

版权所有　翻印必究